듣는 힘은
삶의 무기가
된다

KIKUCHIKARA KUCHIBETA DE ZATUDAN GA NIGATE DEMO,
NAZEKA SUKARERUHITO GA SHITTEIRU 36 NO KOTO
© MATSUDA MIHIRO 2024
Originally published in Japan in 2024
by Subarusya Corporation, TOKYO
Korean translation rights arranged
with Subarusya Corporation, TOKYO,
through TOHAN CORPORATION, TOKYO
and EntersKorea Co., Ltd., SEOUL.

이 책의 한국어판 저작권은 (주)엔터스코리아를 통해 저작권자와 독점 계약한
한가한오후에 있습니다. 저작권법에 의하여 한국 내에서 보호를 받는
저작물이므로 무단전재와 무단복제를 금합니다.

고요한 공감이 만드는 대화의 기적

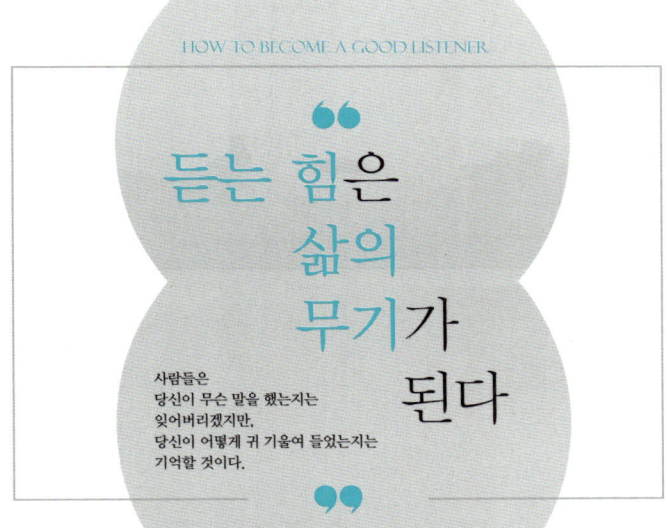

HOW TO BECOME A GOOD LISTENER

" 듣는 힘은
삶의
무기가
된다 "

사람들은
당신이 무슨 말을 했는지는
잊어버리겠지만,
당신이 어떻게 귀 기울여 들었는지는
기억할 것이다.

마쓰다 미히로 지음 | 정현 옮김

'듣기'는 아주 단순하지만,
가장 강력한 '대화의 기술'입니다.

> 우리에겐 두 개의 귀와 하나의 입이 있다.
> 더 많이 듣고 적게 말하라는 뜻이다.

We have two ears and one mouth, so that we can listen more than we speak.

— 에픽테토스(Epictetus), 그리스 철학자 55~135

시작하며

누군가와 대화를 나눈다는 것은, 늘 쉽지 않네요.

"처음 만난 사람과 무슨 말을 해야 할지 잘 모르겠어요."
"'지금 듣고 있는 거야?'라는 말을 자주 들어요."
"어떻게 대화를 이어가야 할지 막막해요."
"갑자기 찾아오는 '침묵의 순간'이 두려워요."
"다른 사람의 이야기에 흥미를 느끼기 어려워요."
"이야기를 들었으면 상대에게 꼭 의미 있는 조언을

해줘야 할 것 같아요."

"상대가 꺼낸 화제였는데, 어느새 제가 더 말을 많이 하게 돼요."

"다른 사람의 이야기에 제 의견을 너무 강하게 말할 때가 있어요."

"좋은 관계를 유지하려면, 화술이 중요하다고 느껴요."

"적극적으로 말할 자신은 없지만, 미움받고 싶지도 않아요."

다양한 현장에서 사람들과 이야기를 나누다 보면, 의사소통에 어려움을 겪는 분들을 자주 만납니다. 이 책은, 그런 분들의 고민이 조금이나마 풀리기를 바라는 마음으로 썼습니다.

결론부터 말씀드리자면, 매끄러운 의사소통에 꼭 유창한 말솜씨가 필요한 것은 아닙니다.

상대의 이야기를 성의 있게 듣는 일, 그것만으로도 충분합니다.

사람은 대화를 통해 서로의 마음을 나눕니다. 마음을 나누는 도구가 되는 '대화법'에 많은 사람이 관심을 두는 이유이기도 합니다.

서점의 자기계발 코너에 가보면 대화법 관련 책들을 많이 볼 수 있습니다. 이는 의사소통 방법에 사람들의 관심이 얼마나 많은지를 보여 줍니다. 그 책들 안에는 훌륭한 대화의 기술들이 담겨 있습니다.

하지만, 이 책은 조금 다른 시각으로 '쉽고 단순하게 상대의 마음을 움직이는 방법'을 담았습니다.

그 이유는, 제가 복잡한 기술을 배우고 활용하는 데 익숙하지 않은 사람이기 때문입니다. 제 인생에서 인상 깊었던 에피소드를 하나 들려드리겠습니다.

몇 년 전, 해외로 가는 비행기 안에서 있었던 일입니다. 제 옆자리에 처음 보는 영국인 남성이 앉았습니다. 눈이 마주치자, 그는 미소를 지으며 저에게 먼저 말을 걸어왔습니다.

사실 저는 낯가림도 심하고 의사소통에 서툰 편이며, 영어도 그다지 잘하지 못합니다.

그의 말을 정확하게 이해하지는 못했지만, 이것도 하나의 인연이라 생각하고 상대를 바라보며 그저 미소 띤 표정으로 고개를 끄덕였습니다.

비행기가 목적지에 도착하자, 그는 제게 몇 번씩이나 "Thank you"라고 말했습니다. 그리고 헤어짐이 아쉬운 듯 제게 포옹하고 미소를 지으며 비행기에서 내렸습니다.

그 순간, 저는 깨달았습니다.

'상대의 말을 억지로 이해하려 하거나, 애써 질문하지 않아도 괜찮구나.'

'조용히 바라보며 고개를 끄덕이고, 듣는 척만 해도 이렇게까지 좋은 인상을 줄 수 있구나.'

지금 우리는 사람과 사람의 연결, 즉 커뮤니케이션이 인생을 좌우하는 시대에 살고 있습니다. 그 중요성에 오히려 부담을 느껴 대화를 주저하는 분들이 많습니다. 하지만 사람들이 진심으로 바라는 것은 재치 있는 유머나 빠른 이해력, 막힘없는 입담이 아닙니다.

상대가 나를 바라보고, 편안한 표정으로, 고개를 끄덕이며 이야기를 들어주는 것.
이것이 전부라고 해도 지나치지 않습니다.

영어 'listen(듣다)'의 철자를 재구성하면, 'silent(조용한)'가 됩니다.
이것은 단순한 우연이 아닙니다.
'듣기'에 있어 가장 중요한 태도가 무엇인지 말하는

것입니다.

 상대를 바라보고, 자신의 표정을 의식하며, 조용히 고개를 끄덕인다.

이런 단순한 '태도'만으로도, 여러분은 모두의 마음을 움직이는 '특별한 존재'가 될 수 있습니다. 아무것도 바꾸지 않아도 괜찮습니다.

다시 한번 말씀드릴게요.

거창한 조언도, 뛰어난 화술도 필요하지 않습니다.
그저 제대로 듣는 것, 그것만으로도 충분합니다.

그럼, 이제부터 **말없이 마음을 움직이는 사람**이 되는 길로 함께 떠나봅시다.

'대화는 어렵지만 소외되고 싶지는 않아.'

말이 없어도 끌리는 사람이 되고 싶다면, 지금 바로 책장을 넘겨보세요.

관계를 바꾸는 듣기의 기술:
Good Listener Tip 36

1. 대화의 주도권은, '상대'에게 내어주세요
2. 누구나 '잘 듣는 사람'이 되는 것은 어려워요
3. 상대의 말을 억지로 이해하려고, 애쓸 필요는 없어요
4. 말하고 있는 상대에게, 적당한 반응을 보여주세요
5. 입은 5%만 열고, 귀는 95% 열어주세요
6. 자신의 성향에 맞는, 소통 방식을 찾아보세요
7. 좋은 질문 하나가, 백 마디 말보다 훨씬 낫습니다
8. 지금, 돌부처와 대화 한번 해보시겠어요?

9. 소통에서 중요한 것은, '말의 내용'보다는 '태도'입니다

10. '듣고 있는 것'처럼 보이기만 해도 괜찮습니다

11. 감정이 실려 있는 말에, 집중해 보세요

12. 속마음을 눈치챘더라도, 끝까지 들어주세요

13. 대화의 중심은 '나'가 아니라, '상대'입니다

14. 대화가 애매한 순간에는 이렇게 물어보세요. "요즘, 뭐 하고 지내세요?"

15. 대화에 어울리는 추임새를 적절히 사용해 보세요

16. 상대의 말을 공감하며 반복할 땐, 긍정의 한마디를 덧붙여 보세요

17. 고래도 춤추게 하는 건, '칭찬'이란 걸 잊지 마세요

18. 만나기 전에, 자신에게 먼저 물어보세요

19. 만남에 어울리는 환경을 미리 준비해 보세요

20. 대화 상대에 대해 미리 알아보는 시간을 가져보세요

21. 상대와 나 사이에 공통점이 하나는 있겠죠? 그것을 찾아보세요

22. 보이고 싶은 이미지를 생각하면서 대화해 보세요

23. 굳은 표정은 되도록 하지 마세요

24. 대화에 서툴다고 자책하지 마세요

25. 입꼬리를 올리고 온화한 미소를 지어보세요

26. 고개는 자신의 속도로 자연스럽게 끄덕여 주세요

27. 마주 앉기보다는 대각선이나 옆자리에 앉아보세요

28. 내가 하고 싶은 말은, 상대의 말이 끝난 후에 하세요

29. 상대의 고민을 해결하려 애쓰지 말고, 그냥 들어주세요

30. 상대의 말이 끝나기 전에, '다음에 할 말'을 생각하지 마세요

31. '마법의 질문'으로 신뢰를 쌓아보세요

32. 질문은 한 번에 하나씩, 천천히 하세요

33. 시간의 흐름을 바꾸는 질문으로, 새로운 시각을 열어주세요

34. 상대의 '지금 생각'이 궁금하다면, 아는 것도 '일부러' 모르는 척 물어보세요
35. 상대의 '진짜 마음'이 궁금하다면, 이렇게 물어보세요. "○○란 무엇인가요?"
36. 상대의 말을 계속 듣고 싶다면, 이렇게 물어보세요. "그래서요? 그다음에는요?"

말하는 것은 지식의 영역이고, 듣는 것은
지혜의 특권이다.

It is the province of knowledge to speak, and it is the
privilege of wisdom to listen.

— 올리버 웬델 홈즈 Sr.(Oliver Wendell Holmes Sr),
미국 작가이자 의사 1809~1897

프롤로그

지금부터 1분 동안 벽에 대고 이야기를 해보세요.

오늘 있었던 일이나 고민거리, 꿈 얘기 등 내용은 무엇이든 괜찮습니다. 우선 1분 동안 벽만 바라보고 말을 해보세요. 그러면 많은 분들이 그 1분을 길다고 느낄 것입니다. 평소 말이 많은 사람일지라도, 벽에 대고 말하는 1분은 힘든 시간일 것입니다.

왜냐하면, 상대가 벽이기 때문이지요. 벽은 웃지도, 고개를 끄덕여 주지도 않습니다. 그래서 1분도 길게 느껴집니다.

여기서 우리는, '사람은 누군가와 이야기할 때, 상대가 고개만 끄덕여 줘도 훨씬 말하기가 쉬워진다.'라는 사실을 알 수 있습니다.

"그냥 고개만 끄덕이는 것으로는 부족하지 않나요?"
"대화는 주고받는 거잖아요."
"상대만큼 나도 충실히 말해야 제대로 된 소통이 가능한 거죠."라고, 반문하는 분도 계실 겁니다.

그 이유는, 우리에게 '틈'의 공포가 존재하기 때문입니다. 대화가 끊긴 그 순간은, 말을 잘하는 사람에게도 아찔한 순간입니다.
'좋은 대화 = 틈이 없는 대화'라고 생각하는 분이 많습니다.
그리고 대화의 '틈'을 자연스럽게 메울 수 있는 사람

이야말로 의사소통 능력이 탁월한 사람이라고 여기기도 합니다.

하지만 제가 20년 넘게 '질문가'로 활동하며 깨달은 점은 조금 다릅니다. 오히려 그 '틈'을 억지로 메우지 않을 때, 상대가 더 큰 만족을 느끼고 저에게 호감을 보인다는 사실입니다.

대화의 '틈'이 만드는 관계의 기적

눈앞에 새하얀 종이가 놓여 있다고 상상해 보세요. 아무 생각 없이 무언가를 쓰고 싶다는 마음이 들지도 모릅니다.

검은색으로 가득 찬 격자무늬 사이에 흰색 빈칸이 하나 보인다면 어떨까요? 무의식적으로 그 칸을 검은색으로 채우고 싶을지도 모릅니다.

그것이 바로, 인간의 심리입니다.

다시 말해, <mark>공간을 채우고 싶어 하는 인간의 자연스러운 본능</mark>입니다. 하지만 그 본능을 거스르고 충동을 억제하는 용기가, 오히려 상대에게 새로운 깨달음을 주고 관계를 깊게 하는 계기가 됩니다.

누군가와 이야기를 나누는 장면을 떠올려봅시다. 어떤 순간에 여러분의 마음이 따뜻해졌는지 기억하시나요? 그동안 하지 않았던 발상이나 새로운 관점을 발견했을 때, "아, 이야기를 나눠서 정말 좋았다."라고 생각하셨을 겁니다.

이를테면, 친한 선배를 만나 고민을 털어놓았는데, 그가 "괜찮아, 우리도 비슷해. 다 그런 거야."라고 말해준다면, '나만 이런 고민을 하는 게 아니구나.'라는 안도감과 함께 마음이 한결 가벼워질 것입니다.
친구에게 "일이 너무 힘들어."라고 말했는데, 친구가 "그 일이 정말 네가 하고 싶은 일이야?"라고 묻는다면,

그 순간 '어쩌면 이 일이 내가 진짜로 원하는 일이 아닐지도 몰라.'라며 자신의 진심을 새롭게 마주하게 될지도 모릅니다. 그럴 때, 우리는 '고민을 이야기하길 참 잘했다.'라고 느끼게 됩니다.

대화를 통해 상대에게 진정한 기쁨을 주고 싶다면, 그 사람에게 새로운 시각이나 깨달음을 줄 수 있어야 합니다. 그러기 위해서는 상대가 느긋하게 생각할 수 있는 여유, 즉 '틈'이 꼭 필요합니다.

친해지고 싶은 사람들의 공통점

대화에서 '틈'이 필요하다는 사실을 깨닫기까지, 저도 많이 고민했습니다.

저는 내향적인 성격이라, 사람들 앞에서 이야기하거나 먼저 말을 거는 것이 늘 서툴고 어려웠습니다. 고등

학생 때까지는 그런 성격이어도 그럭저럭 티 나지 않게 지냈습니다. 하지만 대학생이 되자, 더 이상 내향적인 모습을 숨기기가 어려워졌습니다.

처음 만난 사이에도 자연스럽게 대화하고 관계를 맺는 사람들을 보면서, '나는 확실히 다른 사람들보다 의사소통 능력이 부족하구나. 이대로는 안 되겠다.'라고 절실히 느끼게 되었습니다.

대학교를 졸업하고 사회에 나와 일을 시작한 뒤에는, 더 많은 사람과 관계를 맺어야 하는 현실에 마음이 더 무거워졌습니다.

그러던 중, 사업을 시작하면서 제 삶에 새로운 인물들이 하나둘 등장하기 시작했고, 그들과의 만남을 통해 한 가지 중요한 사실을 깨달았습니다. 제가 친해지고 싶은 사람들은 어떤 공통점이 있다는 것이었습니다.

그것은, 바로 그들이 '잘 듣는 사람'이라는 것이었습니다.

'잘 듣는 사람'과 대화를 나누다 보면 새로운 아이디어가 떠오르거나, 오랫동안 가졌던 고민이 조금씩 해소되었습니다. 그 과정에서 자연스럽게 상대에게 호감이 생긴다는 사실을 발견했습니다. 제가 느낀 만족감의 핵심은 '상대가 내 이야기를 진심으로 귀 기울여 듣고 있다.'라는 느낌이었습니다.

상대가 미소 띤 얼굴로 고개를 끄덕이며 나의 이야기에 집중해 주면, 마음이 편안해지고 따뜻해집니다. 그렇게 안도감이 들면, 비록 대화가 중간에 끊기거나 말이 막히더라도, 그 '틈' 속에서 불안하거나 초조해지는 일은 없습니다.

오히려 조용한 틈이 '생각할 여유'를 만들어주고, 그 안에서 나만의 새로운 시각이나 아이디어가 생기기도 합니다.

그러한 경험은 상대에 대한 호감, 신뢰, 감사와 같은 긍정적인 감정으로 이어집니다.

'잘 듣는 사람'은 침묵을 잘 사용하는 사람입니다.

예전의 저는, 경영자라면 누구보다 '적극적인 의사소통'을 해야 한다고 믿었습니다. 그것이 성공을 위한 필수 조건이라고 생각했습니다.

하지만, 그 믿음은 이제 완전히 바뀌었습니다. 상대가 마음을 열 수 있도록 여유롭고 편안한 분위기와 틈을 마련해주는 '수동적인 의사소통'이야말로 성공을 위한 필수 조건이라고 말입니다.

가치관에 큰 변화를 겪은 저는 '말을 많이 하는 대화'에서 '많이 듣는 대화'로 방향을 바꾸었습니다. 그때부터 신기하게도 제 안에 있던 열등감은 서서히 사라지고, 인간관계는 놀랄 만큼 부드럽게 풀리기 시작했습니다.

저는 지금도 여전히 말주변이 없고, 낯을 많이 가리며, 대화에 약합니다. 하지만, 이제는 괜찮습니다.

많은 말을 하지 않아도, 마음을 움직이는 의사소통의 핵심을 알게 되었기 때문입니다.

수많은 경험을 통해서 얻은 저의 깨달음을 이 책에 모두 담았습니다. 누구나 애써 말하지 않아도, 끌리는 사람이 될 수 있습니다.

이 책을 다 읽고 나면, 여러분은 분명 누군가를 만나고 싶어질 것입니다.

그 자리에서 '잘 듣는 사람'만이 누릴 수 있는 기쁨을 느끼게 될 것입니다.

목차

시작하며	005
관계를 바꾸는 듣기의 기술: Good Listener Tip 36	011
프롤로그	016

제1장. '말 잘하는 사람'보다 '잘 듣는 사람'이 성공한다

인간의 본능: '듣기'보다 '말하기'를 더 좋아한다	031
말할 때 터지는 '도파민', 그래서 '듣기'는 어렵다	034
'잘 듣는 사람'에게 성공의 기회가 온다	038
'듣는 사람'의 반응이, '대화의 온도'를 결정한다	043
대화의 황금률: 95% 듣고, 5% 말하라	047
'낯 가리는 사람'도 성공하는, '대화의 기술'이 있다	052
'잘 듣는 리더'가 시대를 움직인다	056
'돌부처 게임'으로 듣는 태도를 점검해 보자	061
메라비언의 법칙: 듣기는 '내용'보다 '태도'다	066

제2장. 조용한 사람에게 '듣기'는, 가장 강력한 '삶의 무기'다

'듣다'와 '들리다'의 차이를 이해하자 · **073**
말에 숨겨진 '키워드'를 발견하자 · **077**
겉말이 아닌, '속마음'에 귀를 기울이자 · · · · · · · · · · · · · · · · · · · **081**
내가 '듣고 싶은 것'보다, 상대가 '말하고 싶은 것'을 듣자 · · · · · · · **088**
상대를 미리 알면, 마음을 사로잡을 수 있다 · · · · · · · · · · · · · · · · **092**
맞장구는 '공감의 리듬'이다 · **100**
되돌려주기는 '타이밍'이다 · **104**
'칭찬'은 고래도 춤추게 한다 · **109**

제3장. 나를 성장시키는 대화: 셀프 질문

'잘 듣는 사람'은 상대보다 자신에게 먼저 묻는다 · · · · · · · · · · · · · **115**
셀프 질문 1: 나는 지금 이 사람과 어떤 시간을 보내고 싶은가? · · · · **118**
셀프 질문 2: 나와 함께 있는 이 사람은 무엇에 관심이 있을까? · · · · **123**
셀프 질문 3: 나와 상대의 공통점은 무엇일까? · · · · · · · · · · · · · · · **126**
셀프 질문 4: 나는 어떤 이미지로 보이고 싶은가? · · · · · · · · · · · · · **130**
셀프 질문 5: 나는 지금 어떤 표정으로 듣고 있을까? · · · · · · · · · · · **134**

제4장. 대화 공포에서 벗어나는 기술: 고요한 공감

'잘 듣는 사람'은 먼저 상대에게 관심을 갖는다 · · · · · · · · · · · · · · · 141
고요한 공감 1: 미소 짓기 · 144
고요한 공감 2: 고개 끄덕이기 · 147
고요한 공감 3: 눈 마주치기 · 151
고요한 공감 4: 억지로 말하지 않기 · 156
고요한 공감 5: 해결하려고 하지 않기 · 159
고요한 공감 6: 끝까지 듣기 · 162

제5장. 관계를 바꾸는 도구: 마법의 질문

'잘 듣는 사람'은 좋은 질문으로 상대를 기쁘게 한다 · · · · · · · · · · · · 167
마법의 질문 1: 대화의 지도를 그리는 '5W 질문' · · · · · · · · · · · · · · · 169
마법의 질문 2: 과거와 미래를 오가는 '타임머신 질문' · · · · · · · · · · · 173
마법의 질문 3: 알고도 모르는 척, 일부러 묻는 '오버랩 질문' · · · · · · 176
마법의 질문 4: 상대도 미처 몰랐던 본심을 끌어내는 '센터 핀 질문' · · 180
마법의 질문 5: 대화를 계속 이어가게 만드는 '무한 질문' · · · · · · · · · 184

에필로그 · 188

제1장

'말 잘하는 사람'보다 '잘 듣는 사람'이 성공한다

내가 아는 대부분의 성공한 사람들은
말하기보다 듣기를 더 많이 하는 사람들이다.

Most of the successful people I've known are the ones
who do more listening than talking.

– 버나드 바루크(Bernard Baruch), 미국 금융인 1870~1965

인간의 본능: '듣기'보다 '말하기'를 더 좋아한다

"지금 듣고 있는 거야?"

배우자나 친구로부터 이런 말을 들어본 적 있으신가요? 아내에게 많이 듣는다는 남편들이 의외로 많습니다. 이야기를 들어주길 바라는 사람이, 배우자나 친구만은 아닙니다.

여러분 주변에는 다른 사람의 말은 듣지 않고 자신의 과거만 늘어놓는 직장 상사나, 대화의 흐름을 자기중심으로만 끌고 가려는 대화 도둑이 있을 것입니다.

SNS에 자기 이야기를 올리는 사람들도, 자신의 이야기를 누군가가 들어주길 바라기 때문입니다.

'잘 듣는 사람'이 귀한 세상

사람은 누구나 자신의 이야기를 하고 싶고, 이해받고 싶어 합니다. 하지만 다른 사람의 이야기를 듣고자 하는 마음은 그리 크지 않습니다.

여러분 주변에서 자신의 이야기를 묵묵히 들어주는 사람이 얼마나 있는지 한번 생각해 보세요. 가족 간에도 아무 말 없이 5분 이상 이야기를 들어주는 건 생각보다 쉽지 않습니다.

사람들은 대부분 말하고 싶어 하기에, 진심으로 귀 기울여 잘 들어주는 사람들은 드뭅니다. 바꿔 말하면,

'잘 듣는 사람'이 되는 것만으로도 주변에서 큰 신뢰와 가치를 얻을 수 있다는 뜻입니다.

Good Listener Tip 1

대화의 주도권은, '상대'에게 내어주세요

말할 때 터지는 '도파민', 그래서 '듣기'는 어렵다

'사람은 듣기보다 말하기를 더 좋아한다.'라는 사실은 이미 여러 연구를 통해 많이 밝혀졌습니다.

말할 때 우리의 뇌에서는 행복감을 주는 신경전달물질 '도파민'이 분비됩니다. **누군가 내 이야기를 진심으로 들어줄 때, 뇌는 그것을 맛있는 음식을 먹을 때처럼 긍정적인 자극으로 받아들여 도파민을 분비해서 기분을 좋게 합니다.**

상대에게 호감을 얻고 싶다면, 그 사람의 말을 잘 들어줘 기분 좋게 해주면 됩니다. 하지만 막상 그렇게 하기는 쉽지 않습니다.

왜 우리는, '잘 듣는 사람'이 되기 어려운 걸까요? 그 이유는 사람이 가진 고유한 특성과 관련이 있습니다.

'잘 듣는 사람'이 되기 어려운 이유

첫째, 사람은 1분에 약 400자를 말할 수 있지만, 들을 수 있는 속도는 그 두 배인 약 800자입니다. 이 차이 때문에 상대의 말을 들으면서도, 무의식적으로 다른 생각을 하게 되는 것입니다. 그 결과, 스스로는 잘 듣고 있다고 생각하지만, 실제로는 상대의 말에 온전히 집중하지 못할 때도 있습니다.

이런 상태가 반복되면 상대는 결국, "지금 듣고 있는 거야?"라고 말하며 실망합니다.

둘째, 사람은 '동조성 편향'이라는 심리적 특성이 있어서, 주변의 말이나 행동을 무의식적으로 따라 하려는 경향이 있습니다.

상대가 계속 자기 이야기만 하면, 나도 말해야 할 것 같은 부담을 느끼게 됩니다.

이런 부담이, '듣기만 하는' 대화를 오래 유지하기 어렵게 만듭니다.

셋째, 사람은 자신의 이야기를 하며 기분이 좋아지기를 바랍니다. 그 바탕에는 '공감받고 싶다'라는 마음이 있기 때문입니다.

많은 인플루언서와 여러분 주변의 수다스러운 사람들까지, 타인의 이해와 공감을 받고 싶어서 말을 합니다. 그들은 '공감 = 내 이야기에 귀 기울여주는 것'이라고 믿기 때문에, 끊임없이 자신의 이야기를 하는 것입니다.

① 들으면서 다른 생각을 하는 것이 가능한 인간의 특성
② 무의식적으로 타인을 따라 하려는 '동조 욕구'
③ 이야기하며 이해와 공감을 얻고 싶은 본능

이런 이유로, 우리는 생물학적으로 타인의 이야기에 집중하며 '잘 듣는 사람'이 되는 것이 어렵습니다.

상대의 말을 온전히 듣기 어려운 이유는, 단순히 태도나 성격의 문제가 아니라, 인간의 특성과 심리적 본능 때문입니다.

Good Listener Tip 2

누구나 '잘 듣는 사람'이 되는 것은 어려워요

'잘 듣는 사람'에게 성공의 기회가 온다

최근 일본에서는 나가마쓰 시게히사永松 茂久의 《말버릇을 바꾸니 운이 트이기 시작했다人は話し方が9割》가 100만 부를 돌파하며 베스트셀러에 올랐습니다.

이는 사람들이 '말하기'에 다양한 고민이 있다는 것을 보여줍니다.

하지만, 어떤 책이든 그 내용을 실천하는 사람이 있는가 하면, 그렇지 못한 사람도 있기 마련입니다. 사람마다 타고난 성향과 능력이 달라서, 같은 내용을 읽어도 성장의 속도와 방향은 다를 수밖에 없습니다.

말하기에 관한 책이 도움이 된 사람도 있지만, 오히려 정답처럼 말해야 한다는 부담 때문에, 말하는 데 어려움을 겪는 사람들도 있습니다.

그렇다면 사람들이 진심으로 원하는 커뮤니케이션은 무엇일까요? 그것은 바로 '자신의 이야기를 들어주는 것'입니다.

《말버릇을 바꾸니 운이 트이기 시작했다 人は話し方が9割》의 후속작인 《사람은 듣기가 90% 人は聞き方が9割》에서는 '말하는 것보다 듣는 것이 더 중요하다.'라고 강조합니다. 커뮤니케이션 전문가가 그렇게 말한다면, 그 말은 신뢰할 만하겠지요.

말하기에 서툰 저도, 듣는 것이 훨씬 부담이 덜합니다.

우리는 때때로 상대의 이야기를 듣는 것을 귀찮다고 느낍니다. 그 이유는 대부분 '상대의 말을 제대로 이해해야 한다.'라는 부담감 때문입니다.

상대의 말을 온전히 이해하려면 다음과 같은 세 가지 작업을 동시에 해야 합니다.

① 이야기를 집중해서 듣고
② 내 생각도 정리하며
③ 적절하게 반응하기

이 과정을 모든 대화 상황에 적용하는 것은 생각보다 쉽지 않습니다. 그래서 우리는 종종 '듣는 일'을 피곤하고 귀찮게 느끼게 됩니다.

'잘 듣는 사람'의 핵심
– 바라보고, 의식하며, 끄덕이기

이제 그런 부담감과는 작별할 시간입니다.

오늘부터는 이렇게 생각해 보세요.

'==상대의 말을 완벽히 이해할 필요는 없다. 잘 듣는 척만 해도 괜찮다.=='

상대를 바라보고, 자신의 표정을 의식하며, 조용히 고개를 끄덕이는 것만으로도 상대는 '내 이야기를 들어줬다.'라고 느낍니다.

이렇게만 해도 앞에서 말한 세 가지 작업을 억지로 할 필요가 없고, 에너지 소모와 스트레스를 줄일 수 있습니다. '잘 듣는 사람'이 되기 위해서는 먼저 '모든 말을 이해해야 한다.'라는 생각을 내려놓는 것이 중요합니다.

그저 상대를 바라보고, 자신의 표정을 의식하면서, 고개를 끄덕이는 습관만으로도 누구나 '잘 듣는 사람'이 될 수 있습니다.

그 순간, 자신도 훨씬 편안한 마음으로 상대와 마주

하게 됩니다.

이것이 핵심입니다.

'잘 듣는 사람'이 되면, 여러분을 긍정적으로 바라보는 사람이 늘어납니다. 그로 인해 좋은 인연을 만나고, 업무 제안을 받거나 새로운 사람을 소개받는 등 다양한 기회도 늘어납니다. 이런 긍정적인 흐름이 시작되면 인간관계와 일이 넓어지고, 그것이 결국 인연과 돈으로도 이어집니다.

즉, '잘 듣는 사람'이 되는 것만으로도 인간관계, 일, 돈과 같이 인생의 중요한 요소들을 하나둘씩 얻게 될 것입니다.

Good Listener Tip 3

상대의 말을 억지로 이해하려고, 애쓸 필요는 없어요

'듣는 사람'의 반응이,
'대화의 온도'를 결정한다

여러분은 강연이나 프레젠테이션처럼 많은 사람들 앞에서 이야기해 본 경험이 있으신가요? 저는 지금까지 셀 수 없을 정도로 많은 강연을 해 왔지만, 같은 내용을 말하더라도 '말하기가 편하다'라고 느낄 때와 그렇지 않을 때가 있습니다. 그 차이는 바로, 청중의 반응에 있습니다.

같은 이야기를 해도 고개를 열심히 끄덕여주는 분이 많을수록, 말하는 저로서는 훨씬 편안해집니다.

자연스럽게 말이 이어지고 공간 전체가 하나로 연결

된 듯한 일체감도 생깁니다. 비슷한 경험을 해본 분이라면 쉽게 공감하실 겁니다.

한번은 이런 일이 있었습니다.

평범한 규모의 강연장에서 익숙한 주제로 강연하는 날이었습니다. 강연장에 모인 청중들은 조용히 저를 바라보며 이야기를 듣고 계셨지만, 눈에 띄는 반응이 거의 없었습니다. 고개를 크게 끄덕이거나, 웃으면서 맞장구를 쳐주는 분들도 없어서 강연 내내 왠지 모르게 불안했습니다. 2시간의 강연을 마치고 나서는 '이 주제는 항상 반응이 좋았는데, 오늘은 왜 이러지….'라며 풀이 죽기도 했습니다.

그런데, 강연 후에 받은 설문 결과를 보고 깜짝 놀랐습니다.

많은 분들이 "정말 재미있었어요!", "오늘 강연 최고였습니다. 다음에도 꼭 참석할게요!"라며 진심이 담긴 반응과 감상평을 남겨주셨습니다.

그제야 비로소 안심이 되었지만, 동시에 이런 생각도 들었습니다.

'그렇다면 강연 중에도 조금 더 반응을 보여주셨다면 얼마나 좋았을까…'

일본에는 감정을 겉으로 표현하는 데 조심스러워하는 문화적 특성이 있습니다.

주변 사람들이 조용히 듣고 있으면, '나도 저렇게 해야 하나 보다.'라고 생각하며, 무의식적으로 그 분위기에 맞춰 행동하는 경향이 있습니다.

아마 그날 강연의 참석자들도 적극적으로 반응하지 않는 것이, '옳다'라고 생각했을지도 모릅니다. 결국, 많은 분들이 '무반응의 분위기'에 휩쓸렸던 거겠죠.

말하는 사람은, 반응을 보이는 분들이 참 고맙게 느껴집니다. 그분들만 눈에 들어오고, 무심코 그분들을 바라보며 이야기하기도 합니다. 그러니, 말하는 사람에게 작은 반응이라도 보여주세요.

물론, 반응이 크다고 해서 무조건 좋은 것은 아닙니다. 특히 큰 강연장에서는 혼자만 과하게 반응하면 오히려 눈에 띄어 어색할 수 있으니, 굳이 과장된 반응을 할 필요는 없습니다.

그저 상대의 눈을 바라보며, 조용히 고개를 끄덕이기만 해도 충분합니다. 그 작은 반응으로도 '당신의 이야기를 잘 듣고 있어요.'라는 메시지가 자연스럽게 전달되기 때문입니다.

Good Listener Tip 4

말하고 있는 상대에게, 적당한 반응을 보여주세요

대화의 황금률:
95% 듣고, 5% 말하라

저는 질문가로서, 지금까지 수많은 사람들에게 코칭을 해 왔습니다.

코칭이 이뤄지는 대화에서, 제가 말하는 시간은 약 5%에 불과합니다. 나머지 95%는 조용히 고개를 끄덕이며, 상대의 이야기를 온전히 듣는 시간입니다.

저는 이 비율을 '95(듣기):5(말하기)의 법칙'이라고 부릅니다.

이 법칙만으로도 코칭을 받는 분들이 스스로 고민의

답을 찾아낸 경우가 많습니다. 왜냐하면, 상대가 스스로 깨달음을 얻게 되는 '틈'이 대화 중에 자연스럽게 만들어지기 때문입니다.

그래서 저는 의도적으로 대화의 대부분을 '듣기'에 집중하는 시간으로 사용합니다.

여러분이 '잘 듣는 사람'인지 확인할 수 있는 질문 하나를 드릴게요.

대화를 나누는 동안, 상대가 스스로 고민에 대한 답을 찾아낸 적이 있었나요?

그런 경험이 있다면 여러분은 이미 '잘 듣는 사람'이며, 자연스럽게 '95(듣기):5(말하기)의 법칙'을 실천하고 있는 것입니다.

사람은 고민을 이야기할 때, 누군가가 해답을 주는 것보다 자신의 이야기를 진심으로 들어주고 있다는 느낌을 훨씬 더 중요하게 여깁니다.

그러니 굳이 재치 있는 조언을 하거나 억지로 해결책을 제시하지 않아도 괜찮습니다. '지금 나는 당신의 이야기를 잘 듣고 있어요.'라는 태도만 보여도, 상대는 마음을 열고 스스로 해답을 찾습니다. 그리고 여러분에게 고마움을 느끼게 될 것입니다.

물론, 모든 대화가 의미 있거나 즐거운 것은 아닙니다. 살다 보면 때로는 관심 없는 사람의 관심 없는 이야기를 억지로 들어야 할 때도 있습니다.

바로 그 순간에 '95(듣기):5(말하기)의 법칙'을 떠올려 보세요.

'대화의 95%는 고개를 끄덕이며 조용히 듣는 시간'이라는 생각만으로도, 까다로운 사람과의 대화가 한결 편안해질 것입니다.

먼저 가족이나 친구, 동료처럼 편한 사람들과 대화

할 때 '지금 나는, 95% 듣는다.'라는 마음으로 임해보세요. 그러면 분명, 상대의 반응이 달라지는 것을 느끼게 될 것입니다.

Good Listener Tip 5

입은 5%만 열고, 귀는 95% 열어주세요

귀 기울여 잘 들어주는 사람은 어디에서나
인기가 있을 뿐 아니라, 시간이 지나면 뭔가를
알게 된다.

A good listener is not only popular everywhere, but after a while he knows something.

— 윌슨 미즈너(Wilson Mizner), 미국 극작가이자 사업가 1876~1933

'낯 가리는 사람'도 성공하는, '대화의 기술'이 있다

저는 어릴 때부터 사람들 앞에서 말하는 것을 유난히 어려워했습니다. 대화할 때면 늘 긴장했고, 말수가 적다는 이유로 스스로 대인관계에 서툴다고 느끼곤 했습니다.

고등학생이 되어 진로를 고민할 때도, 사람들과 최대한 접촉하지 않는 일을 찾았습니다. 그래서 프로그래머가 되기로 결심했습니다. 그만큼 의사소통에 대한 열등감이 컸었습니다.

그 시작은 초등학생 때 겪은 한 사건 때문이었습니

다. 교내 체육대회에서 '중계 아나운서' 역할을 맡게 되었는데, 어린 제게는 너무 버거운 일이었습니다.

"청팀, 힘내세요.", "백팀이 앞질렀습니다!" 같은 말을 해야 했지만, 어떻게 말해야 할지 몰랐고, 도움을 줄 사람도 없었습니다.

결국, 저는 경기 내내 단 한마디도 하지 못했습니다. 그날의 '침묵 중계'는 오랫동안 제게 큰 상처와 트라우마로 남았습니다.

타고난 성향을 넘어, 나에게 맞는 소통 방식을 찾다

어릴 때는 누구나, 달리기를 잘하거나 그림을 잘 그리는 친구를 부러워하곤 합니다. 하지만 말을 잘하지 못한다는 고민은, 그런 부러움과는 차원이 달랐습니다. 저는 그것을 '한 인간으로서의 치명적인 결함'이라고까지 여겼고, 그 때문에 늘 저 자신이 부끄러웠습니다.

이런 열등감은 대학 시절까지도 이어졌습니다. 사회생활을 하면서 사람들 앞에서 말할 기회는 더 많아졌습니다. 프레젠테이션, 회의, 클라이언트와의 미팅… 익숙한 사람 앞에서도 긴장되는 건 마찬가지였습니다.

그러던 중, 제가 창업을 하고 함께 일할 사람들을 직접 선택하게 되면서 깨달은 한 가지가 있습니다. 의사소통에는 두 가지 방식이 있다는 것이었습니다.

① 능동적이고 적극적인 방식
② 조용하고 수동적인 방식

저는 후자에 가까운 사람이었고, 그제야 비로소 '말을 잘해야 한다'라는 강박에서 벗어날 수 있었습니다. 커뮤니케이션이 능동적이든 수동적이든, 그 방식에 우열은 없습니다. 장단점이 달라서, 어느 쪽이 정답이라고 말하기는 어렵습니다.

중요한 건, '자신에게 맞는 방식이 무엇인지 아는 것'입니다.

저처럼 낯을 가리고 말하기에 서툰 분들도 걱정하지 마세요. 이 책에서 말하는 '잘 듣는 사람'이 되면, 굳이 말을 많이 하지 않아도 진심이 전해지는 대화를 나눌 수 있습니다.

Good Listener Tip 6

자신의 성향에 맞는, 소통 방식을 찾아보세요

'잘 듣는 리더'가 시대를 움직인다

저는 '말해야 한다'라는 강박에서 벗어난 후 마음이 편해졌지만, 그렇다고 해서 말하기를 잘하게 된 것은 아니었습니다. 창업 후 몇 년이 지나자, 강연 요청이 늘기 시작했습니다. 그때 저는, '어떻게 하면 말을 적게 하면서 강연 내용을 효과적으로 전달할 수 있을까?'를 고민했고, 떠올린 방법이 바로 '질문하기'였습니다.

"여러분에게 ○○란 무엇인가요? 옆 사람과 이야기 나눠보세요."

"주변 네 분과 팀을 이루어 △△에 대해 의견을 나눠 보세요."

제가 강연에서 이렇게 말하면, 처음 보는 참가자끼리도 자연스럽게 웃으며 인사를 하고, 이야기를 나누기 시작합니다. 제 강연을 들어본 분들은 아시겠지만, 이런 참여형 방식은 20년 넘게 이어오고 있습니다.

말이 서툴러도, '질문'으로 이끄는 리더십

강연이 끝난 뒤 이어지는 간담회에서도, 저는 말을 거의 하지 않습니다. 참가자끼리는 서로 활발하게 이야기를 나누지만, 저에게 먼저 말을 거는 사람은 많지 않아서 조용히 차를 마시며 시간을 보낼 때도 많습니다.

그런데도 간담회가 끝나면, 많은 분들이 마치 약속이라도 한 듯,

"미히로 씨, 오늘 좋은 이야기를 들을 수 있어서 정말 좋았습니다."

"정말 훌륭한 강연이었어요!"라며 웃는 얼굴로 인사를 건넨 뒤 자리를 떠나십니다.

이런 경험을 여러 번 하면서, '내가 말을 많이 하지 않아도 커뮤니티는 자연스럽게 만들어지는구나.'라는 사실을 깨달았고, 그 순간들은 제게 큰 기쁨이었습니다. 이렇게 조용한 방식으로 운영해 온 커뮤니티는 어느덧 회원 수 5,000명이 넘었습니다. 이 모든 성장은 제가 열심히 말해서가 아니라, 제가 던진 '질문'의 힘 덕분입니다.

그 질문들이 사람들 사이에 새로운 대화의 장을 열고, 연결과 공감의 에너지를 만들어낸 덕분에 커뮤니티가 자연스럽게 확장될 수 있었던 것입니다.

수강생 중에는 리더의 위치에 있는 분들도 많습니

다. 그분들로부터 자주 받는 질문이 있습니다.

"어떻게 하면 훌륭한 리더가 될 수 있을까요?"

"직원들을 유능하게 성장시키는 효과적인 방법이 있을까요?"

이런 질문을 받을 때마다 저는, '경영 능력과 지도력이 뛰어나고, 말도 잘하는 만능형 리더 아래에서는 오히려 유능한 인재로 성장하기 어렵지 않을까?'라고 생각합니다.

우리 회사에는 뛰어난 직원들이 많습니다. 저의 부족한 부분을 먼저 파악하고, 자연스럽게 그 빈틈을 메워주는 분들입니다. 일일이 지시하지 않아도 구성원들이 자발적으로 움직이는 문화가 자리 잡고 있습니다.

제가 생각하는 이상적인 리더는, 평소에 많은 말을 하지 않더라도 누군가가 길을 헤매거나 고민할 때 조용히 질문을 건네며 다시 올바른 방향으로 이끌어주는 사람입니다.

즉, 리더는 '잘 듣는 사람'이어야 합니다.

Good Listener Tip 7

좋은 질문 하나가, 백 마디 말보다 훨씬 낫습니다

'돌부처 게임'으로
듣는 태도를 점검해 보자

    대형 강연장에서는 조명과 거리 때문에 뒷자리에 앉은 사람들의 표정을 파악하기가 쉽지 않습니다. 심지어 앉아 있는 사람끼리도 서로가 어떤 표정으로 듣고 있는지 확인하기 어렵습니다. 누군가 졸거나 지루해해도 눈치채지 못할 때가 많습니다.

    하지만 요즘은 다릅니다.

    화상회의가 늘면서, 모든 참석자의 얼굴이 화면에 같은 크기로 나타납니다. 덕분에 누가 어떤 표정으로 듣고 있는지 실시간으로 확인할 수 있는 환경이 된 것입니다. 어찌 보면 온라인은 현실보다 더 현실적인 공간이 되었습니다.

여러분도 화상회의 중에 이런 생각을 해본 적이 있을 것입니다.

'○○님, 오늘 표정이 안 좋아 보이네. 무슨 일 있으신가?'

'△△님, 피곤해 보이는데… 어제 과음하셨나?'

또는, 누군가가 화면을 무표정하게 응시하고 있으면, '화면이 멈춘 건가?' 하고 생각하기도 합니다. 그런 사람이 한 명만 있어도 회의 분위기는 가라앉고, 참석자들의 집중력과 사기가 떨어질 수 있습니다.

그만큼 사람은 타인의 표정에 따라, 감정이 흔들리기 쉽습니다.

저도 온라인 업무가 많아지면서, '듣는 태도'가 얼마나 중요한지 다시 깨닫게 되었습니다. 그때 떠오른 것이 바로 '돌부처 게임'이었습니다.

돌부처 게임 진행 방법

1. 두 명이 짝을 짓습니다.
2. 한 명은 '말하는 사람', 다른 사람은 '돌부처' 역할을 맡습니다.
3. 돌부처 역할을 맡은 사람은
   - 눈을 마주치지 않기
   - 질문하지 않기
   - 고개 끄덕이지 않기

이 세 가지 원칙을 지키며, 돌부처처럼 가만히 있습니다.

4. 말하는 역할을 맡은 사람은 '최근에 있었던 즐거운 일'을 30초간 이야기합니다.
5. 이야기가 끝나면, 말한 사람에게 소감을 묻습니다.

그러면 대부분 이렇게 말합니다.

"고개라도 끄덕여줬으면 좋겠어요."
"적어도 웃는 얼굴로 들어줬으면…."
"가끔 눈이라도 좀 마주쳐줬으면 좋겠어요."

이때 제가 이렇게 물어봅니다.
"여러분도 평소에 누군가에게 그런 태도를 보인 적 없으신가요?"
그러면 '가족에게', '친구에게', '직원에게' 무심코 그랬었다고 고백합니다.

이번에는 몇 가지 새로운 규칙을 추가합니다.
- 가끔 눈 마주치기
- 고개 끄덕이기
- 질문 한두 개 하기

그런 다음, 아까와 같은 이야기를 다시 해보면 거의 모든 분들이 이렇게 말합니다.
"순식간이었어요!"

"더 이야기하고 싶어졌어요!"

이 게임은 아주 단순하지만, 우리가 평소 대화에서 어떤 태도를 보이는지를 스스로 돌아보게 해줍니다. 그리고 종종 내가 당하면 불쾌할 행동을 무심코 다른 사람에게 하고 있었다는 사실도 알게 됩니다. 한 번만 경험해 봐도 충분합니다.

가족이나 친구와 꼭 한 번 '돌부처 게임'을 해보시길 추천합니다.

Good Listener Tip 8

지금, 돌부처와 대화 한번 해보시겠어요?

메라비언의 법칙: 듣기는 '내용'보다 '태도'다

의사소통에서 말의 내용보다는 말투, 표정, 태도와 같은 비언어적 요소가 더 큰 영향을 미친다는 심리학 법칙이 있습니다. 바로 '메라비언의 법칙'입니다.

이 법칙에 따르면 인상이나 호감을 결정하는 데 영향을 미치는 요소들의 비중은 다음과 같습니다.

- 언어 정보(말의 내용 등) : 7%
- 청각 정보(목소리, 발음, 억양 등) : 38%
- 시각 정보(표정, 제스처, 용모 등) : 55%

즉, 귀에 들리는 말보다 눈에 보이는 태도와 표정이 상대에게 훨씬 더 깊은 인상을 남긴다는 뜻입니다.

그래서 '무슨 말을 했는가?'보다 상대의 말에 진심으로 귀 기울여 듣는 태도가 더 좋은 인상을 주고, 관계에도 긍정적인 영향을 줍니다.

지금은 속도와 효율성이 중시되는 시대입니다. 결과를 빠르게 내는 것이 미덕처럼 여겨지기도 합니다. 하지만 이런 세상일수록, 누군가의 이야기를 온전히 들어주는 일은 점점 더 드물고 귀한 일이 되고 있습니다. 단기적으로는 비효율적일지 몰라도, 진심으로 들어주는 태도는 결국, 사람의 마음을 움직이는 힘이 됩니다.

'듣는 태도'가 만드는 관계의 변화

바쁜 일상에서 여유를 가지고 누군가의 말을 들어주

는 시간은 특별한 순간이 됩니다. 이야기를 듣다 보면, 예상치 못한 순간에 뜻밖의 통찰이나 새로운 키워드를 얻기도 합니다. 그 작은 힌트 하나가 나중에 생각지도 못한 큰 도움이 되기도 합니다.

혼란한 시대일수록 '듣는 태도'는 매우 중요합니다. 누군가의 말을 진심으로 듣는 일은, 내 인생의 가능성을 넓히는 열쇠가 되기도 합니다.

살다 보면 '지루하다', '뭔가 바꾸고 싶다'라며 하소연을 하는 분들도 자주 만납니다. 이런 마음은 결국, 인간관계를 새롭게 만들고 싶다는 바람으로 이어지기도 합니다.

'잘 듣는 사람'이 되면 지금까지 보지 못했던 새로운 시각을 얻게 되고, 그 시각의 확장이 나를 바꾸고, 인간관계를 변화시키는 시작점이 됩니다.

누구나 원하지만 쉽게 만날 수 없는 사람. 그 사람은

바로, '진심으로 들어주는 사람'입니다.

여러분이 누구에게나 사랑받고, 특별한 존재가 되고 싶다면 방법은 생각보다 간단합니다.

바로, '잘 듣는 사람'이 되는 것입니다.

그것이 자신을 바꾸는 가장 빠르고 확실한 길입니다.

Good Listener Tip 9

소통에서 중요한 것은, '말의 내용'보다는 '태도'입니다

제2장

조용한 사람에게 '듣기'는, 가장 강력한 '삶의 무기'다

듣기는 재능보다 집중력, 자아보다 마음,
자신보다 상대를 우선하는 태도가 필요한
예술이다.

Listening is an art that requires attention over talent, spirit over ego, others over self.

― 데일 카네기(Dale Carnegie), 미국 작가 1888~1955

'듣다'와 '들리다'의 차이를 이해하자

일본어에서 '듣다'라는 말은, 세 가지 한자로 구분됩니다.

① 聞く(kiku): 단순히 소리가 귀에 들어오는 상태(hear)
② 聴く(kiku): 상대의 말을 이해하려는 자세로 귀를 기울이는 행동(listen)
③ 訊く(kiku): 알고 싶은 것을 질문하는 행위(ask)

많은 커뮤니케이션 책들은, 단순히 소리를 듣는 것이 아니라, 상대의 말을 경청하고 상황에 맞는 적절한 질문을 하는, '태도'의 중요성을 강조합니다. 그리고 '듣다'라는 말도 상황에 따라 의미를 구분해 써야 한다고 말합니다.

하지만 ==사람들이 원하는 것은, 대화 후에 느끼는 안도감이나 충족감입니다. 그런 감정을 느끼게 하기 위해서는, '듣기'나 '경청', '질문' 등 어떤 방식이든 괜찮습니다.== 굳이 말의 의미를 복잡하게 구분할 필요가 없다는 뜻입니다.

실제로, '듣다'와 '들리다'의 차이를 이해하지 못하는 사람들도 많습니다.

예를 들어 음악을 들으며 공부하거나, TV를 켜놓고 집안일을 하는 것은 '들리는' 상태, 즉 수동적인 듣기입니다.

반면에, 상대의 관점에서 이야기를 이해하려고 노력

하거나, 적절한 질문을 하는 것은 '듣고 있는' 상태, 즉 적극적인 듣기입니다.

사람은 말하고 있을 때, 상대가 자신의 말을 진심으로 들어주기를 바랍니다.

그저 소리만 스쳐 지나가듯 '들리는' 상태에서는, 상대의 말을 진지하게 듣고 있다는 느낌을 주기가 어렵습니다.

그래서 다음과 같은 대화가 자주 오가게 됩니다.
"내 말 듣고 있어?"
"듣고 있다고!"
이런 오해는 '듣고 있다'고 생각하는 사람과, '듣고 있지 않다'고 느끼는 사람의 인식 차이에서 비롯됩니다.

사실, 자신이 **수동적으로 '들리는' 상태**에 있더라도, **적극적으로 '듣고 있는 것'**처럼 상대에게 안도감과 만족감을 줄 수 있습니다. 1장에서 말씀드린 것처럼, '상대를 바라보고, 자신의 표정을 의식하면서 조용히 고개 끄덕이기' 같은 행동입니다.

실제로 제가 비행기 안에서 만난 영국인 남성처럼, 말의 내용은 정확히 이해하지 못했더라도, 상대가 '듣고 있다'고 느끼게 해준다면, 그 자체로 기쁘게 하고 행복하게 만들 수 있습니다.

==미소와 고개 끄덕임은, 말보다 더 강력하게 마음을 전할 수 있는 최고의 비언어적 메시지입니다.==

'웃고 끄덕이는' 단순한 행동으로 마음을 표현하는 능력은, 인간에게 주어진 특별한 선물입니다. 세상으로부터 받은 이 귀한 무기를, 우리의 삶에서 더 자주 써보면 어떨까요?

Good Listener Tip 10

'듣고 있는 것'처럼 보이기만 해도 괜찮습니다

말에 숨겨진 '키워드'를 발견하자

대화하다 보면 분위기를 띄워보려는 마음에, 상대에게 질문을 쏟아낼 때도 있습니다. 하지만 이런 방식은 오히려 상대에게 부담을 줄 수 있습니다.

누구에게나 호감을 주는 '잘 듣는 사람'이 되려면, 질문을 쏟아내기보다 상대의 말을 잘 듣고 그 속에서 키워드를 찾아내는 것이 훨씬 효과적입니다.

그렇게 찾은 키워드를 바탕으로 대화를 이어가면, 이야기의 흐름도 자연스럽고 부드러워집니다. 그러기 위해서는, 상대의 말을 들을 때 조용히 고개를 끄덕이며 반응을 보여주고, 특히 상대가 감정을 담아 말하는 단어에 주목해야 합니다.

'이 단어인가?' 싶은 키워드가 있다면, 그것을 질문으로 바꿔보세요.

상대가 그 말을 계기로 이야기를 더욱 열정적으로 이어간다면, 그것은 잘 찾아낸 키워드입니다.

그 순간, 말하는 사람은 듣고 있는 상대가 '자신을 이해해 주는 사람'이라고 느낄 것입니다.

상대의 감정은 어디에 실려있는가?

얼마 전 어느 경영자분을 우연히 만나서 이런 질문을 드렸습니다.

"요즘은 어떤 활동을 하고 계세요?"

그러자 그분은, "요즘 강연이 계속 있어서 너무 힘들어요."라고 답했습니다.

이 짧은 문장에서 눈에 들어온 키워드는, '강연'과 '너무 힘들어요'였습니다.

사실 어느 쪽을 골라도 대화를 이어가는 데 문제가 없었지만, 저는 '너무 힘들어요'라는 말에 그분의 감정이 더 실려 있다고 느꼈습니다.

그래서 저는 조심스럽게 물어봤습니다.

"저런, 많이 힘드세요?"

그러자 그분은 질문에 마음이 열린 듯, 한참 동안 자신의 힘든 이야기를 들려주셨고, 마지막엔 "미히로 씨, 오늘 정말 고마웠어요!"라고 말하며 후련한 표정으로 가셨습니다.

저는 그분의 강연 내용을 잘 알지도 못했고, 특별한 위로의 말을 건넨 것도 아니었습니다.

그저 말 속에 있던 키워드 하나를 조심스럽게 되짚

어 본 것뿐이었습니다. 그런데도 그분은 마음을 열고 이야기를 들려주셨고, 저는 오히려 '고맙다'는 감사 인사까지 받을 수 있었습니다.

Good Listener Tip 11

감정이 실려 있는 말에, 집중해 보세요

겉말이 아닌,
'속마음'에 귀를 기울이자

"여러분이 아는 사람 중에 말을 잘하는 사람은 누구인가요?"

이런 질문을 받으면, 대부분 유쾌한 분위기를 만들고 말도 재치 있게 잘하는 사람을 떠올리실 겁니다.

그렇다면 '커뮤니케이션을 잘하는 사람'은 어떤 사람일까요?

이번에는 아마, 자리를 편안하게 만들고 누구와도 잘 어울리며, 호감을 주는 사람을 떠올리실 겁니다.

이렇게 보면, '말을 잘하는 사람'이 꼭 '커뮤니케이션을 잘하는 사람'이 아니라는 것을 알 수 있습니다.

그런데도 많은 사람들은, 커뮤니케이션 능력을 키우려면 우선 말을 잘해야 한다고 생각합니다. 그래서 화술이나 스몰톡 small talk 기술을 배우려고 합니다.

하지만 제가 여러 번 강조했듯, 사람들이 진심으로 바라는 것은 '이야기를 나눈 뒤에 느끼는 안도감, 만족감, 그리고 충족감'입니다. 그런 감정을 느끼기 위해서, 꼭 말을 많이 할 필요는 없습니다.

말하는 사람을 진심으로 기쁘게 하려면, 말의 표면적인 내용이 아니라 '이야기에 담긴 속마음과 의도'를 읽어야 합니다.

특별한 경우를 제외하고, 대화에서 주고받는 말의 대부분은, 사실 그다지 중요하지 않은 이야기일 때가 많습니다. 정작 말하는 사람이 진심으로 전하고 싶은 메시지는 단 하나일 때가 많습니다.

왜 그럴까요?

그 메시지를 정확하게 전하기 위해, 배경 설명이나 세세한 묘사를 하기 위한 말들이 자연스럽게 덧붙여지기 때문입니다. 그래서 듣는 이야기가 때로는 길어지고, 핵심에 도달하기까지 시간이 걸리는 것입니다.

그런데 듣는 사람은, 이런 배경 설명이 너무 길고 지루하다고 느낄 수도 있습니다.

여러분 주변에도 말을 장황하게 하거나, 말의 요점이 무엇인지 파악하기 어렵게 말하는 사람이 있지 않으신가요? 그럴 때는 '귀찮다'고 느끼기보다, 이렇게 한번 생각해 보세요.

"이 사람은 왜 이런 이야기를 하는 걸까?"
"이 말에는 어떤 마음이 담겨 있을까?"

이렇게 마음을 기울이는 순간, 우리는 자연스럽게

상대의 표정, 말투, 손짓 같은 비언어적인 표현에 주목하게 됩니다.

무심코 드러나는 표정, 손의 움직임, 말에 실린 힘과 속도 등을 관찰하다 보면, 점점 더 객관적인 시선으로 상대를 바라볼 수 있게 됩니다. 그뿐 아니라 그 사람의 '사고방식이나 가치관', 그리고 정말 전하고 싶었던 '단 하나의 메시지'까지도 알아차릴 수 있습니다.

중요한 것은, 메시지의 본질이 드러날 때까지 기다릴 줄 아는 마음가짐입니다.

조금 어렵게 느껴질 수 있지만, 이것은 대화를 나누는 태도의 문제이므로 항상 염두에 두어야 합니다.

상대의 말이 끝나기 전에, 조언하지 않기

상대의 이야기를 듣다가 상대가 진짜 하고 싶은 말

이 무엇인지 눈치채더라도, 그것을 곧바로 직접적으로 말하거나 단정 짓는 일은 금물입니다.

예를 들어,

"결국 ○○라고 말씀하고 싶으신 거죠?"

"전하고 싶은 말은 △△라는 건가요?"

이렇게 직접적으로 물어보면, 말하는 상대의 감정을 상하게 하거나 대화의 흐름을 끊어버릴 수도 있습니다.

상대가 말하고 싶은 것이 무엇인지 눈치채더라도, 끝까지 '듣는 태도'를 유지하는 것이 중요합니다.

정답을 맞히려는 마음보다는, 상대가 자신의 말로써 끝까지 표현할 수 있도록 공간과 시간을 내어주는 태도가 필요합니다.

상대의 '속마음'을 듣고 그 감정에 귀 기울이는 것은, 앞으로의 관계를 더욱 깊고 건강하게 만드는 데 중요한 밑바탕이 됩니다. 그러니 '상대의 말 속에 담긴 진짜 마음'에 귀를 기울이세요.

Good Listener Tip 12

속마음을 눈치챘더라도, 끝까지 들어주세요

경청은 매력적이고 신비로운 창조의 힘이다.
누군가 우리에게 귀 기울여줄 때, 우리는 비로소
존재하고, 성장한다.

Listening is a magnetic and strange thing, a creative force.
When we are listened to, it creates us, makes us unfold
and expand.

— 칼 A. 메닝거(Karl A. Menninger), 미국 정신분석학자 1893~1990

내가 '듣고 싶은 것'보다, 상대가 '말하고 싶은 것'을 듣자

오랜만에 누군가를 만날 때, 무의식적으로 '무슨 이야기를 해야 하지?' 하고 미리 생각해 본 적 있으신가요? 그런 마음이 드는 건 너무나 자연스러운 일입니다. 왜냐하면, 사람은 누구나 자신의 이야기를 들어주길 바라기 때문입니다.

하지만, 상대도 같은 마음일 수 있습니다.

'이 이야기를 꼭 해야지', '이런 건 좀 물어봐 줬으면 좋겠는데' 하는 생각을 할 수 있습니다. 이렇게 서로가 자기 이야기만 할 준비를 하고 대화를 시작하면, 대화는 마치 '이야기 쟁탈전'처럼 흘러가고, 결국 누구도 만족하지 못하고 끝나버릴 수도 있습니다.

또한, 말하고 싶은 것뿐만 아니라, 상대에게 듣고 싶은 이야기도 있을 것입니다.

예를 들어, 취업 준비 중인 친구를 오랜만에 만나면, 무심코 '요즘 일은 어떻게 돼가?'라고 묻고 싶을 수도 있습니다.

하지만 친구는 일 얘기가 아니라 전혀 다른 주제로 대화하고 싶을 수도 있고, 또는 일 얘기는 전혀 꺼내고 싶지 않을지도 모릅니다.

그런 상황에서 여러분이 대화의 주도권을 쥐고 질문을 쉴 새 없이 한다면, 상대는 오히려 불편하게 느낄 수 있습니다.

대화에서 중요한 것은, '내가 듣고 싶은 것'보다 '상

==대가 하고 싶은 이야기'를 먼저 듣는 태도입니다.== 그러기 위해서는 조급해하지 말고, 자연스럽고 편안한 태도로 상대를 대하는 것이 좋습니다.

'이건 꼭 물어봐야지', '아, 저 얘기도 해야 하는데'라는 조급함이 오히려 대화를 어색하게 만들고, 대화의 흐름을 끊는 원인이 되기도 합니다.

==바로 이 지점이, '내 이야기만 하는 사람'과 '잘 듣는 사람'으로 나뉘는 갈림길입니다.==

저는 누군가를 만날 때, 특별한 목적이 있는 취재가 아니라면, '이 이야기를 꼭 해야지'라거나 '이걸 한번 물어봐야지'라는 준비는 하지 않습니다.

왜냐하면, 제가 누군가를 만나는 이유는 내 이야기를 하기 위해서가 아니라, 상대의 이야기를 듣기 위해서이기 때문입니다. 물론, 그렇다고 해서 상대에게 아무 관심이 없다는 뜻은 아닙니다.

대화의 중심은 언제나 상대이기 때문에, 궁금한 것이 생기면 그 흐름 속에서 자연스럽게 질문하면 됩니다.

이런 태도를 꾸준히 유지하다 보면, '무슨 이야기를 해야 하지?'라는 고민은 점점 줄어듭니다.

Good Listener Tip 13

대화의 중심은 '나'가 아니라, '상대'입니다

상대를 미리 알면, 마음을 사로잡을 수 있다

만남이 정해졌다면, 질문을 미리 준비하기보다, 마음을 열고 상대의 이야기에 귀 기울일 준비를 해보세요.

물론 취재, 상담, 연수, 세미나와 같은 공식적인 자리에서는, 질문하는 사람이 되기도 합니다. 이럴 때는 필요한 정보를 얻기 위한 '질문 능력'이 중요하며, 질문을 잘하는 사람이 업무 능력뿐 아니라 커뮤니케이션 능력이 뛰어난 사람으로 평가받기도 합니다.

이처럼 질문하는 사람이라면, 사전에 질문을 준비하

는 것이 바람직합니다.

저 역시 유튜브에서 정기적으로 '저자 인터뷰'를 진행할 때, 사전에 질문을 꼼꼼하게 정리해 둡니다. 이런 준비는 저에게 큰 안도감을 주고, 저자분들도 한결 편안한 마음으로 인터뷰에 참여할 수 있게 도와줍니다.

질문을 만들 때 중요한 점은, 단순히 내가 알고 싶은 것을 묻기보다, '상대가 말하고 싶어 하는 이야기를 끌어낼 수 있는 질문'을 준비하는 것입니다.

이를 위해서는 사전 조사가 꼭 필요합니다. 때로는, 상대의 SNS만 살펴봐도 충분한 단서를 얻을 수 있습니다.

낚시 관련 게시물이 많다면 '아, 낚시를 취미로 하시는구나'라고 예상할 수 있고, 아이와 함께 찍은 사진이 많다면, '자녀와의 관계가 좋은 분이겠구나'라고 짐작할 수 있겠죠.

이렇게 얻은 정보를 바탕으로 가볍게 아이스 브레이킹 질문을 해보는 것도 좋은 방법입니다.

"혹시, 낚시 좋아하세요?"
"네, 좋아해요! 지난달에도 다녀왔어요."

자연스럽게 더 깊은 이야기로 이어지기도 합니다. 취미나 가족에 관한 이야기는 누구에게나 마음을 열게 만드는 좋은 주제이기 때문에, 적극적으로 활용해 보시길 권합니다.

사전 조사에서 '자녀'라는 단서를 발견했다면 다음과 같은 질문도 가능합니다.

"이 책을 통해, 미래의 아이들에게 어떤 메시지를 전하고 싶으신가요?"
"혹시 이 책을 자녀들에게도 읽히고 싶으신가요?"

이처럼 상대가 소중히 여기는 무언가를 중심에 두고 인터뷰를 자연스럽게 풀어가면, 더 깊이 있는 이야기와 진심이 담긴 답변을 끌어낼 수 있습니다.

무엇보다 중요한 것은, 상대에 대해 관심을 가지고 사전 조사를 했다는 사실만으로도 상대가 충분히 기뻐한다는 것입니다. 이러한 배려가 상대의 대화 의욕을 높이고, 더 진솔하고 의미 있는 이야기를 끌어내는 데 도움이 됩니다. 이는 강연이나 세미나에 참석할 때도 마찬가지입니다.

단순히 자리에 앉아 듣기만 하는 것이 아니라,
'나는 이 시간 동안 무엇을 얻고 싶은가?'
'어떤 질문을 하면 좋을까?'라고 미리 생각해 보는 것도 좋습니다.

이런 마음이라면, 내용에 맞는 질문을 할 수 있고,

강연자와의 대화에서도 훨씬 더 깊은 통찰과 정보를 얻을 수 있을 것입니다.

대화가 막힐 때 쓸 수 있는 '만능 질문'

아는 사람과 우연히 마주쳤을 때처럼, 갑작스럽게 대화해야 하는 상황에서는 미리 질문을 준비할 수 없는 경우도 많습니다. 이럴 때, 유용하게 쓸 수 있는 만능 질문이 하나 있습니다.

바로, "요즘, 뭐 하고 지내세요?"입니다. 비슷한 표현으로 "요즘, 어떠세요?"도 자주 쓰이는데, 이 질문은 자칫하면 상대의 대답이 애매하거나, 형식적으로 보일 수 있어서 오히려 어색한 대화가 될 수 있습니다.

실제로 "요즘, 어떠세요?"라는 질문에 "그냥 그래요.", "잘 지내요.", "늘 똑같죠, 뭐."처럼 짧고 형식적인 대답으로 끝난 대화가 한 번쯤은 있으실 겁니다.

반면 "요즘, 뭐 하고 지내세요?"라는 질문은 자연스럽게 상대의 구체적인 일상이나 관심사를 떠올리게 해서, 한마디라도 더 이야기를 끌어낼 수 있습니다.

==즉, 대화를 이어가고 싶을 때 '요즘, 뭐 하고 지내세요?'라는 질문은, 짧지만 효과적입니다. 상대의 근황을 묻는 동시에, 대화의 물꼬를 트는 좋은 시작점이 되어줍니다.==

사람들은 크고 작은 활동을 하며 하루하루를 보내고 있습니다.

예를 들어, 휴직 중인 사람도 책을 읽거나 여행을 준비하거나, 취미 활동 등으로 일상을 채우고 있을 것입니다. 이처럼 '무엇을 하다'라는 표현은 의미의 폭이 넓고 부담이 적기 때문에, 상대가 편안하게 자신의 근황을 말하도록 도와줍니다.

그래서 "요즘, 뭐 하고 지내세요?"라는 질문은 대화의 문을 부드럽게 여는 데 효과적입니다. 특히 우연히 마주친 사람과 대화가 망설여질 때, 이 질문을 한번 해보세요.

뜻밖의 만남이어도 생각보다 자연스럽게 대화가 이어지는 경험을 하게 될 것입니다.

Good Listener Tip 14

대화가 애매한 순간에는 이렇게 물어보세요.
"요즘, 뭐 하고 지내세요?"

사람들이 말을 할 때는 온전히 귀 기울여 들어라.
대부분의 사람들은 결코 제대로 듣지 않는다.

When people talk, listen completely. Most people never listen.

– 어니스트 헤밍웨이(Ernest Hemingway), 미국 소설가 1899~1961

맞장구는
'공감의 리듬'이다

 상대의 말을 들을 때, 표정을 의식하며 조용히 고개를 끄덕이기만 해도 충분히 좋은 인상을 줄 수 있습니다. 그리고 여기에 간단한 '맞장구'를 더하면, 신뢰감을 주는 데 매우 효과적입니다.

 맞장구는 단순한 반응이 아니라 '당신의 이야기를 제대로 듣고 있습니다.', '당신의 말을 이해하고 있어요.'라는 메시지를 자연스럽게 전하는 방법입니다. 이런 작은 표현 하나가 신뢰 관계를 형성하는 데 큰 역할을 합니다.

예전에 생명보험 업계에서 최고의 실적을 올린 영업사원을 만난 적이 있었습니다. 영업왕이라고 하면, 보통 언변이 뛰어나고 커뮤니케이션 능력이 뛰어난 사람을 떠올리기 마련인데, 제가 만난 그는 오히려 조용하고 차분한 사람이었습니다. 말수가 적고 침착한 그의 태도에 저도 모르게 마음이 놓였고, 평소라면 꺼내지 않을 개인적인 이야기까지 자연스럽게 하게 되었습니다.

어느 날, 저는 조심스럽게 물어봤습니다.
"어떻게 영업왕이 되셨다고 생각하세요?"
그는 이렇게 대답했습니다.

"저는 고객 앞에서 말하는 것보다, 듣는 데 훨씬 더 집중합니다. 고액의 보험 상품에 가입하는 건, 고객으로서는 정말 큰 결정이에요. 누구든, 믿지 못하는 사람에게 돈을 맡기고 싶지 않을 테니까요. 그래서 저는 '경청'을 가장 중요한 원칙으로 삼고 있습니다. 그것이 제가 지금까지 이 자리에 있을 수 있는 이유라고 생각합니다."

맞장구의 세 가지 유형

그와 대화를 나누면서 가장 인상 깊었던 점은 맞장구를 잘 쳐준다는 것이었습니다. 그리고 그 맞장구에는 일정한 리듬이 있었습니다.

그것은 바로 다음과 같은 추임새였습니다.

* 오호~ : 상대의 말에 놀라움을 의미하며,
 "정말요?", "그랬어요?" 등의 호응 표현
* 아하! : 상대의 말에 수긍함을 의미하며,

"아~그렇군요.", "그렇겠네요." 등의 이해 표현

* 우와~ : 상대의 말에 감탄함을 의미하며,

"와~대단하세요.", "멋지네요." 등의 감동 표현

세 가지 추임새를 적절히 사용하면, 상대는 '정말 내 이야기를 잘 들어주고 있구나.'라며 신뢰와 만족을 느낄 것입니다.

반면, 어떤 말을 해도 늘 같은 추임새만 반복한다면, 상대는 '내 말을 진짜 제대로 듣고 있는 건가?' 하는 의심이 들 수 있습니다.

그래서 추임새는 상황에 맞게, 자연스럽게 바꿔가며 사용하는 것이 중요합니다.

그것이 바로, 상대가 편안하게 이야기를 이어갈 수 있도록 만들어주는, 기술이자 배려입니다.

Good Listener Tip 15

대화에 어울리는 추임새를 적절히 사용해 보세요

되돌려주기는 '타이밍'이다

대화법 관련 책에서 자주 등장하는 대표적인 기술 중 하나가, 바로 '되돌려주기'입니다.

상대의 말을 그대로 따라 하듯 반복함으로써, 자연스럽게 대화를 이어주고 분위기를 부드럽게 만드는 기본적인 대화의 기술입니다.

예를 들어, 상대가 "다음 주에 하와이에 가요."라고 말했을 때, "아, 하와이에 가시는군요."라고 되받아주는 것이 '되돌려주기'입니다.

하지만, 이 기술은 타이밍을 잘못 맞추면 오히려 어색하거나 불편한 분위기를 만들 수 있다는 것도 기억해야 합니다.

저는 평소 말 속도가 느린 편이라, 제 말이 끝나기도 전에 상대가 말을 덧붙이는 경우가 종종 있습니다.

제가 "다음 주에 하와이에 가는…"이라고 말하는 중에 상대가 "우와~ 하와이에 가시는 거예요? 정말 좋으시겠어요!"라고 끼어들면 대화의 흐름이 끊기고, 그 순간 당황할 수 있습니다. 저는 이제 익숙해져서 '성격이 급한 분이구나.' 하고 웃어넘기지만, 말하는 데 익숙하지 않거나 조심스러운 성향의 사람이라면 이런 반응이 부담스럽게 느껴질 수도 있습니다.

또한, 말하기를 좋아하는 사람일수록 자신도 모르게, 자기 위주로 대화를 이끌어가는 경우가 많습니다.
"하와이에 가시는군요!"라는 말 다음에

"저도 작년에 갔었어요! ○○라는 가게 가보셨어요? 정말 맛있더라고요!!"처럼 바로 자신의 경험을 덧붙이는 것입니다.

비록 의도하지 않았더라도, 상대는 자신의 이야기를 빼앗긴 느낌을 받을 수도 있습니다. 이런 습관은 대화 도둑이라는 인상을 줄 수 있으니, 주의가 필요합니다.

상대의 말이 끝나기 전에는 질문하지 않기

"하와이에 가시는군요."라고 말한 뒤에,

"하와이 어디로 가세요?"

"하와이에 무엇을 하러 가시는 거예요?"

"얼마나 계실 예정이세요?" 등 상대가 대답하기도 전에 질문을 쏟아내는 사람들도 많습니다.

하지만, 이 시점에서는 정작 상대가 하고 싶은 말은 아직 나오지 않았을 수도 있습니다. 휴가, 출장, 결혼

식 참석 등 하와이에 가는 이유에 따라 뒷이야기는 전혀 다르게 전개될 수 있습니다.

상대가 이제 막 이야기를 꺼내려는 찰나에 질문을 쏟아내는 것은 위험합니다. 상대가 이야기하고 싶은 내용과 다른 질문을 하면, 상대에게 부담을 줄 수 있습니다. '되돌려주기의 핵심은 타이밍'입니다. 반드시 상대의 말이 완전히 끝난 뒤, 간결하고 부드러운 말로 되돌려주는 것이 좋습니다.

그리고 되돌려줄 때는 상대가 다음 이야기를 폭넓게 이어갈 수 있도록, 간결한 단어나 부드러운 표현이 좋습니다.

"하와이 가시는군요."

"하와이요! 좋으시겠어요."

이렇게 간결하면서도 긍정적인 한마디를 더하면, 상대는 훨씬 편안한 마음으로 이야기를 이어갈 수 있습니다.

대화를 잘하고 싶다고 해서 기술을 공식처럼 따르기보다, 상대를 배려하는 마음과 작은 세심함이 훨씬 더 중요합니다.

진짜 대화는 그런 태도에서 시작된다는 것을 잊지 마세요.

Good Listener Tip 16

상대의 말을 공감하며 반복할 땐,

긍정의 한마디를 덧붙여 보세요

'칭찬'은 고래도 춤추게 한다

　서양에서는 에스컬레이터를 타고 가다가도 전혀 모르는 사람에게, "I love your style! (스타일 멋지네요!)" 같은 칭찬을 듣는 일이 종종 있습니다. 하지만 동양에서는 상대적으로 흔하지 않은 일입니다.

　저는 1년 중 절반 이상을 해외에서 지내면서, 동양 사람들이 칭찬에 익숙하지 않고, 칭찬을 받아들이는 데 얼마나 서툰지를 몸소 느낄 때가 많았습니다.

　예를 들어, 누군가가 가족에 대해 칭찬하면, 괜히 겸

손한 척 손사래를 치거나 어색하게 웃으며 얼버무리곤 합니다.

또는 지인이 "오늘 패션 멋지시네요.", "피부가 참 좋으세요."라고 말했을 때, "아니에요, 뭘요.", "그럴 리가요."라며 재빨리 부정부터 하지 않으셨나요?

물론, 겸손은 중요한 미덕입니다. 그렇지만, 칭찬을 기분 좋게 받아들이는 것도 능력입니다. 누구나 칭찬을 들으면 기분이 좋아지고, 칭찬을 건넨 사람에게 자연스럽게 호감을 느끼게 됩니다. 그래서 대화 중에 상대를 칭찬하는 말 한마디는, 상대를 기쁘게 하고 호감을 얻는 데 매우 효과적입니다. '칭찬하는 힘'을 키우는 데 도움이 되는 방법을 하나 알려 드립니다.

바로, '칭찬 릴레이 게임'입니다.

'칭찬 릴레이 게임' 진행 방법

1. 먼저, 내가 들으면 기분이 좋아질 말 10가지를 적습니다.
2. 4명이 한 조가 되어 한 사람씩 돌아가며 나머지 3명에게 1분 동안 칭찬을 받습니다.
   - 이때는 정중한 말투로 천천히, 진심을 담아 칭찬하는 것이 중요합니다.

많은 사람이 칭찬을 받는 데 익숙하지 않기 때문에, 처음에는 어떻게 반응해야 할지 몰라 당황하거나 쑥스러워합니다. 하지만 몇 번 경험해 보면 금세 익숙해지고, 칭찬을 자연스럽게 받아들이며 '고맙습니다'라며 감사의 표현도 하게 됩니다. 이 게임을 통해 평소 우리가 칭찬을 주고받는 기회가 얼마나 적었는지, 또 칭찬을 받아들일 준비가 얼마나 부족했는지를 새삼 깨닫게 됩니다.

그리고 이 게임은 상대를 칭찬할 때 쓸 수 있는 다양한 어휘와 표현을 익히는 데도 큰 도움이 됩니다.

"정말 멋지세요!", "대단하세요!"처럼 흔한 말에서 한 걸음 더 나아가, "역시, ○○님 다우시네요.", "△△하시는 모습이 정말 인상 깊었어요."처럼 조금 더 **구체적이고 진심이 담긴 표현**으로 칭찬하는 법을 자연스럽게 익히게 됩니다.

저는 이 게임을 제 커뮤니티 모임에서 그룹 활동으로 자주 진행하는데, 참여한 분들이 '상대를 칭찬하는 일이 이렇게 즐거운 줄 몰랐어요.', '서로 칭찬하다 보니 분위기가 확 달라졌어요.'라며 매우 긍정적인 반응을 보였습니다.

이처럼, **칭찬은 가장 단순하면서도 강력한 커뮤니케이션 도구**입니다.

Good Listener Tip 17

고래도 춤추게 하는 건, '칭찬'이란 걸 잊지 마세요

제3장

나를 성장시키는 대화: 셀프 질문

이해란 무엇보다 먼저 듣는 것이다.

Understanding is, first of all, listening.

- 한스 게오르크 가다머(Hans Georg Gadamer), 독일 철학자
1900~2002

'잘 듣는 사람'은 상대보다 자신에게 먼저 묻는다

저는 인간관계에서 많은 어려움을 겪었지만, 상담과 코칭을 배우며 약 20년 전부터 '질문가'로 활동해 왔습니다. 이 과정에서 깨달은 것은, 좋은 질문이 깊은 깨달음을 준다는 사실입니다.

하나의 질문이 관계를 크게 변화시키는 순간을, 저는 여러 번 경험했습니다.
'질문'은 꼭 상대에게만 하는 것이 아닙니다.
자신에게 하는 질문은 목표를 분명하게 하고, 감정

==을 조절하며, 새로운 시각을 열어줍니다.==

평소 무심코 하는 행동이라도 '이것이 정말 내가 원하는 것일까?'라고 자문하는 순간, 생각의 방향이 달라지기도 합니다.

그 질문 하나가 새로운 행동과 목적의 출발점이 될 수 있습니다.

약속된 사람을 만나기 전에 자신에게 몇 가지 질문을 해보면, 그 만남을 더욱 의미 있게 준비할 수 있습니다.

그 질문들은 여러분이 '잘 듣는 사람'으로서 어떤 마음가짐인지를 다시 한번 확인시켜 주고, 그 마음을 더욱 단단하게 만들기도 합니다.

3장에서는, 누군가를 만나기 전에 자신에게 먼저 물어보면 좋은 다섯 가지 질문을 소개합니다.

여러분이 '잘 듣는 사람'이 되고 싶고, 상대와 더 깊은 관계를 맺고 싶다면 이 질문들을 적극 활용해 보시기 바랍니다.

Good Listener Tip 18

만나기 전에, 자신에게 먼저 물어보세요

셀프 질문 1:
나는 지금 이 사람과 어떤 시간을 보내고 싶은가?

 '잘 듣는 사람'의 핵심은, '대화의 주인공은 상대'라는 인식입니다. 이를 위해서 상대가 편안하게 이야기할 수 있도록, 그에 맞는 공간과 분위기를 준비하는 것이 중요합니다.

 자신에게 이렇게 질문해 보세요.
 '나는 지금 함께 있는 이 사람과 어떤 시간을 보내고 싶은가?'
 이 질문에 스스로 답하는 것으로, 상대에 대한 자신

의 마음을 더 깊이 이해할 수 있습니다. 이는 단순히 대화 준비를 넘어, '잘 듣는 사람'으로서의 마음가짐을 다지는 데 도움이 됩니다.

오랜만에 어릴 적 친구들을 만나는 자리라면, '옛날이야기로 즐거운 분위기를 만들고 싶다.'라고 생각할 수 있습니다. 이럴 때는, 주위를 신경 쓰지 않고 편하게 이야기할 수 있는 개인실=이 있는 장소가 잘 어울릴 것입니다.

또는 고민을 털어놓고 싶다는 후배를 만난다면, 속마음을 털어놓기에 편한, 조용하고 편안한 분위기의 공간을 찾아보는 것이 좋을 것입니다.

이 질문은, 자신뿐 아니라 상대에게도 해보면 매우 효과적입니다.

저는 아내와 외식할 때면, "뭐 먹고 싶어?"라고 묻는 대신, 이렇게 물어봅니다.

"오늘은 어떤 시간을 보내고 싶어?"

그러면 아내는 "느긋한 시간을 보내고 싶어.", "즐거운 시간이면 좋겠어."라며 그날 기분에 맞는 취향을 말해 줍니다.

그 대답에 맞춰 저는 아내의 생각과 취향에 어울리는 레스토랑을 예약합니다. 상대의 마음을 먼저 듣고, 그 기대를 현실로 만드는 것입니다.

매일 마주하는 가족이라도, 지금 어떤 마음인지 직접 듣지 않으면 알 수 없습니다. 그날 기분에 따라, 가고 싶은 장소나 분위기도 달라지기 마련입니다.

상대가 느긋한 시간을 보내고 싶다면 코스 요리 레스토랑을, 즐거운 시간을 원한다면 북적이는 인기 맛집을 선택합니다. 상대의 기분과 목적에 맞는 환경을 만들면, 관계에도 큰 도움이 됩니다.

이 책의 프로듀서 나가마쓰 시게히사 씨(《말버릇을 바꾸니 운이 트이기 시작했다 人は話し方が9割》의 저자)와 저녁 식사를 했을 때도, 저는 미리 이 질문을 했습니다. 그러자 그는, "격식 있는 곳보다는 편안한 분위기가 좋아요."라고 답해주었습니다. 저는 그 대답에 어울리는 장소를 고른 덕분에, 편안하게 대화를 나눌 수 있었습니다.

　만약에 개인 공간이 보장되는 격식 있는 레스토랑이었다면, 오히려 분위기가 어색해져서, 그가 바랐던 '편안한 분위기'와는 거리가 멀었을지도 모릅니다.

　이처럼, 대화를 나누기 전에 상대의 기대와 감정을 미리 이해하고, 그에 어울리는 공간을 준비하는 것만으로도, 어색하거나 불편한 분위기 같은 최악의 상황은 충분히 피할 수 있습니다. 상대가 '오늘 만남은 좀 힘들었어.', '대화 분위기가 별로였어.'라고 느끼지 않도록 할 수 있습니다.

　그리고 무엇보다, 누군가가 나의 마음을 먼저 물어

보고 그에 어울리는 장소를 준비해 주는 것은, 누구에게나 기쁘고 감사한 일입니다.

'아, 이 사람이 정말 내 이야기를 듣고 싶어 하는구나.'

'나를 소중하게 여기고, 진심으로 대해주는구나.'

이런 존중의 마음이 전해지면, 상대는 행복함을 느끼고 여러분에게 좋은 인상을 갖게 됩니다.

Good Listener Tip 19
만남에 어울리는 환경을 미리 준비해 보세요

셀프 질문 2:
나와 함께 있는 이 사람은 무엇에 관심이 있을까?

 앞서 2장에서, '질문하기로 정해진 상황에서는, 사전에 질문을 준비하세요.'라고 말씀드렸습니다. 꼭 공식적인 자리뿐 아니라, 처음 만나는 사람이나 오랜만에 만나는 친구와의 만남에서도 상대의 요즘 상황을 미리 파악해 두면 좋습니다.

 상대의 SNS를 보면 최근 관심사나 취향을 알 수 있고, 상대가 다니는 회사 이름을 알면 검색을 통해 어떤 일을 하고 있는지 대략 알 수 있겠죠.

저는 무언가를 전문으로 제작하는 장인을 처음 만날 때, 그분의 작품을 찾아보거나, 때에 따라서는 직접 구매해 보기도 합니다.

대표작이나 최신작을 접해 보면, 그분이 어떤 성향인지, 무엇을 중요하게 여기는지 감을 잡을 수도 있습니다. 그 과정을 통해서 자연스럽게 상대에 대한 관심도 더 깊어집니다.

상대에게 관심을 가지면 마음이 열리고, 마음을 열고 대화를 나누면 반응과 질문도 자연스러워집니다.

그렇게 만들어진 분위기에서는, 편안하고 진솔한 대화가 오가는 것입니다.

셀프 질문에 당장 명확한 답이 떠오르지 않아도 괜찮습니다. 중요한 것은 이 질문을 통해 상대에게 관심을 두고자 하는 태도입니다.

관심 있게 듣는 태도와 무관심하게 듣는 태도는 분

명히 다릅니다.

    셀프 질문은 답이 없더라도, 의미가 있다는 것을 기억해 두세요.

Good Listener Tip 20

대화 상대에 대해 미리 알아보는 시간을 가져보세요

셀프 질문 3:
나와 상대의 공통점은 무엇일까?

앞서 대화 상대에 대해 사전에 알아두는 것이 중요하다고 말씀드렸지만, 항상 준비할 수 있는 것은 아닙니다. 친목 모임이나 행사처럼 불특정 다수가 모이는 자리에서는, 처음 보는 사람과 대화해야 할 때도 있습니다.

특히 낯을 많이 가리는 사람은 '혼자 있는 건 싫어'라는 마음과, '누군가가 말을 걸어오면 부담스러워'라는 양가적인 감정에 빠지기 쉽습니다. 이럴 때 적절히 대응하지 못하면, '차가운 사람'이나 '불편한 사람'이라는 인상을 줄 수도 있습니다.

바로 이런 상황이, 커뮤니케이션 능력을 시험받는 순간인 것입니다.

이럴 때는 '<mark>나와 상대의 공통점</mark>'을 찾아보는 것이 좋습니다.

예를 들어, 출판 관련 행사에서 처음 만난 사람이라면, 출판일을 하고 있을 가능성이 높겠죠. 그런 자리에서는 "출판 관련 일을 하고 계신가요?"라고 물어봅니다. 상대가 "네."라고 답한다면, 그 대답을 바탕으로 자연스럽게 이야기를 이어갈 수 있습니다. 이때 조용히 고개를 끄덕이며 진심으로 들어주는 태도만으로도 대화는 부드럽고 매끄럽게 이어집니다.

반대로 "저는 출판 관계자는 아닙니다."라는 대답이 돌아온다면, 그 행사의 주최자와 어떤 관계인지 물어보는 것도 좋은 방법입니다. 같은 자리에 있다는 것은 주최자나 지인을 통해 초대된 공통점이 있다는 뜻이니까요.

"그럼, ○○ 씨를 아시나요?", "저를 초대한 △△ 씨와 어떤 사이세요?" 같은 질문으로 서로의 공통점을 찾아서 대화를 시작해 보세요.

참고로, 저는 여행이 취미라서 일본 내 대부분 지역을 다녀본 경험이 있습니다. 그래서 처음 만난 사람에게 '고향이 어디세요?'라고 묻곤 합니다. 상대가 어떤 지역을 답하더라도 저의 경험을 바탕으로 공통점을 찾아 자연스럽게 이야기를 이어갈 수 있기 때문입니다.

여행을 좋아하는 분이라면, 공통점을 찾기 위해 출신 지역에 관련된 질문도 활용해 보시길 추천합니다.

Good Listener Tip 21

상대와 나 사이에 공통점이 하나는 있겠죠?
그것을 찾아보세요

경청은 제가 아는 가장 강력한 변화의 원동력 중 하나입니다.

Listening, of this very special kind, is one of the most potent forces for change that I know.

— 칼 로저스 (Carl Rogers), 미국 심리학자 1902~1987

셀프 질문 4:
나는 어떤 이미지로 보이고 싶은가?

누구나 어떤 상황에서든, 늘 같은 태도를 유지하는 것은 쉽지 않습니다. 사람은 원래 다면적인 존재이기 때문에, 상황과 관계에 따라 다양한 모습으로 살아갑니다.

예를 들어, 회사에서는 믿음직한 상사지만 집에서는 아내에게 꼼짝 못 하는 사람일 수도 있고, 교실에서는 조용한 학생이지만 취미 모임에서는 말이 많은 아이일 수도 있습니다.

즉, 우리는 상대와 환경에 따라 '내가 어떤 모습으

로 보이고 싶은가?'를 스스로 선택하며 행동합니다. 하지만 예상치 못한 상황이나 방심한 순간에는, 자신도 모르게 드러내고 싶지 않았던 모습을 보일 때도 있습니다.

그럴 때면 '괜히 그런 말을 했네', '왜 그런 태도를 보였지?' 하고 뒤늦게 후회하게 됩니다. 때로는 한 번의 실수로 서로의 신뢰가 무너지기도 합니다.

이런 실수를 줄이고 싶다면, 누군가를 만나기 전에 자신에게 질문해 보세요.

'나는 어떤 사람으로 보이고 싶은가?'

이 질문에 대한 답이 명확해지면, 그 이미지에 맞춰 미리 준비할 수 있고, '보이고 싶은 나'를 자신 있게 표현할 수도 있습니다.

저는 종종 "미히로 씨는 언제 어디서나 변함이 없네요."라는 말을 듣습니다. 그 이유는, 제가 '중립적인 사람으로 보이고 싶다.'라는 의지가 있기 때문이라고 생각합니다. 제가 원하는 이미지로 보이기 위해서, 어떤 자세로 이야기를 듣고, 어떤 단어를 쓰며, 어떤 어조와 에너지로 말해야 할지를 늘 고민하고 실천해 왔습니다.

그 결과, 많은 사람들이 저를 '중립적인 사람'으로 인식해 주고 있습니다. 하지만 저 역시도, 강연 대상이 학생들이냐, 금융업 종사자들이냐에 따라서는 전혀 다른 모습으로 준비합니다.

학생들 앞에서는, '인생을 자유롭게 즐기는 어른'이라는 인상을 주고 싶습니다.

그들이 '어른은 자유롭구나', '좋아하는 일을 하며 살아갈 수 있구나'라고 생각해 주길 바라기 때문입니다. 그래서 저는, 편안한 복장으로 밝은 미소를 지으며 무대에 오릅니다.

반면, 금융업 종사자들을 만날 때는, '신뢰할 수 있

는 전문가'로 보이는 것이 중요합니다. 이럴 땐 재킷을 입거나, 명함을 준비하는 등 보다 단정하고 신뢰감을 주는 이미지를 갖추려고 노력합니다.

누군가를 만나기 전에, '나는 상대에게 어떤 이미지를 심어주고 싶은가?'라는 질문에 답해보세요. 그 답이 명확해지면 자연스럽게 준비할 내용이 정리되고, 자신감 넘치는 대화가 가능해집니다. 이 자신감은 대화 상대와 이상적인 커뮤니케이션을 가능하게 만들 원동력이 될 것입니다.

Good Listener Tip 22
보이고 싶은 이미지를 생각하면서 대화해 보세요

셀프 질문 5:
나는 지금 어떤 표정으로 듣고 있을까?

요즘은 온라인 회의나 영상 통화가 일상이 되면서, 화면에 비친 자기 얼굴을 자주 보게 됩니다. 그래서 피곤하거나 졸릴 때, 자연스럽게 자신의 표정을 의식하게 되는 경우가 많습니다.

하지만 직접 만나는 자리라면 어떨까요? 대면 회의 중에 거울을 보며 자신의 표정을 확인하며 말하는 사람은 거의 없습니다. 사람은 자신의 얼굴이 보이지 않으면, 무의식중에 감정이 표정에 고스란히 드러나기 쉽습니다. 특히 집중해서 이야기를 듣다 보면, 얼굴이 점점 굳어가는데도 본인은 그 사실을 잘 모릅니다.

그래서 꼭 기억해야 할 중요한 원칙이 하나 있습니다.

'다른 사람의 이야기를 들을 때, 굳은 표정 짓지 않기'

물론 진지한 태도는 중요하지만, 무표정이나 굳은 얼굴은 상대를 불편하게 할 수 있습니다. 특히 대면 상황에서는 기본적으로 '부드럽고 온화한 표정을 짓는 것'을 의식하는 것이 좋습니다.

사람마다 가진 인상이 달라서, 상황에 따라서는 오해가 생기기도 합니다.

예를 들어, 농담하는 분위기가 아닌데도 "왜 웃고 있어?"라는 말을 듣는 사람이 있는가 하면, 화난 게 아닌데 "기분이 안 좋아?"라는 말을 듣는 사람도 있습니다.

이런 말을 들어본 경험이 있다면, 거울 앞에서 직접 말해 보면서 자신의 표정을 점검해 보세요.

내 얼굴은 어떤 인상을 주고 있는지, 한 번쯤 확인해 보는 것도 도움이 됩니다.

진지한 표정을 짓고 있다고 생각했는데, 다른 사람 눈에는 웃는 것처럼 보일 수 있습니다.

이럴 때는 눈을 조금 더 또렷하게 떠보세요. 그것만으로도 인상이 많이 달라집니다.

반대로, 웃고 있다고 생각했는데도 딱딱하고 무표정하게 보인다면, 입꼬리를 아주 살짝만 올려 보세요. 그 작은 변화만으로도 훨씬 부드럽고 따뜻한 인상을 줄 수 있습니다.

그래도 표정 관리가 어렵게 느껴진다면, 상대 이야기를 들으며 좋아하는 사람이나 풍경, 물건 등을 떠올려 보세요.

마음이 편안해지면 표정도 온화해지고, 자세도 자연스러워집니다. 다만, 감정에 맞는 표정 관리는 꼭 필요합니다.

상대가 힘들거나 심각한 이야기를 하고 있을 때, 지나치게 밝은 표정을 짓는다면, 오히려 상대의 감정을 무시하거나 가볍게 여긴다는 인상을 줄 수 있습니다.

이럴 때는 기본적으로 온화한 표정을 유지하면서, 상대의 감정에 맞게 표정을 조절해 주세요. 너무 밝지도, 너무 어둡지도 않은, 공감하면서도 안정된 표정이 중요합니다.

또 하나 기억할 것은, 상대의 슬픔에 지나치게 감정이입해서, 함께 무거운 분위기에 빠지는 것을 피해야 한다는 것입니다.

그럴 때, 상대는 오히려 '내 고민으로 분위기를 무겁게 만들었나…'라며 더 부담을 느낄 수도 있습니다.

이럴 때는 조용히, 그리고 분명하게 고개를 끄덕이

며, '당신의 마음을 이해하고 있어요.'라는 메시지를 표정과 태도로 보여주세요.

Good Listener Tip 23

굳은 표정은 되도록 하지 마세요

제4장

대화 공포에서 벗어나는 기술: 고요한 공감

❝

지혜는 말하고 싶었을 때조차 평생 귀 기울인
당신에게 주어지는 보상이다.

Wisdom is the reward you get for a lifetime of listening
when you'd have preferred to talk.

— 더그 라슨(Doug Larson), 미국 칼럼니스트 작가 1926~2017

'잘 듣는 사람'은 먼저 상대에게 관심을 갖는다

'사람을 만나면 피곤해.'
'저 사람 앞에서는 말이 잘 안 나와.'
'사람이 많으면 괜히 불안해.'

이처럼 대화에 대한 고민은 누구에게나 있을 수 있습니다.

앞서 말씀드렸듯이, 저 역시 어릴 때부터 소통하는 것이 어려웠습니다. 그 어려움은 어른이 되어서도 쉽게 사라지지 않았고, '프레젠테이션 능력', '말 잘하는

법'과 같은 책을 읽을수록 오히려 더 큰 좌절감이 밀려오기도 했습니다.

사회가 요구하는 것은, '전달력 있는 말투, 적극적이고 설득력 있는 화법'이라는 것을 깨달을수록, 점점 더 저 자신이 한심하게 느껴졌습니다.

그중에서도 제가 특히 서툴렀던 것은, 바로 '가벼운 대화'였습니다. 부담 없이 주고받는 대화는 상대와 가까워지기 위한 기본적인 소통 방식이지만, 저는 유독 어색하고 어려웠습니다.

그 이유를 곰곰이 생각해 보니, 제가 상대에게 관심을 두지 않았기 때문이었습니다. 상대에게 관심이 없으니, 이야기에 귀를 기울이지 않았고, 질문할 내용도 없었던 것입니다.

그래서 '상대에게 관심 가지기'부터 시작했습니다. 상대가 어떤 사람인지 미리 알아보거나 공통점을 찾는 데 집중하다 보니, 자연스럽게 상대의 말에 귀를 기울이게 되었고, 궁금한 점들도 하나둘 생겨났습니다.

그렇게 저는 가벼운 대화를 어려워하던 저 자신에게서 조금씩 벗어날 수 있었습니다.

4장에서는, 여러분을 '잘 듣는 사람'으로 만들어 줄 여섯 가지 기술을 소개합니다. 지금까지의 내용을 정리하는 마음으로 천천히 읽어보세요. 이 기술들을 하나씩 실천해 나간다면, 여러분은 어디서나 신뢰받고 소중한 존재가 될 수 있습니다.

부담 갖지 마세요. 지금 할 수 있는 것부터, 하나씩 시도해 보세요.

Good Listener Tip 24

대화에 서툴다고 자책하지 마세요

고요한 공감 1: 미소 짓기

호감을 주는 사람이 되려면, '미소'는 필수입니다. 미소는 말없이도 상대에게, '저는 당신 편이에요.'라는 메시지와 안도감을 주는 강력한 표현입니다.

여러분이 기쁜 소식을 이야기할 때, 듣는 사람이 어떤 표정이길 바라시나요? 당연히 함께 기뻐해 주는 표정을 떠올리실 것입니다.

그러면 우리는, 상대가 말할 때 어떤 표정을 지어야 할지 자연스럽게 알 수 있습니다.

3장에서 언급했듯이 사람은 무의식중에 무표정하거나 딱딱한 얼굴로 이야기를 들을 때가 많습니다.

그래서 저는 '상대의 이야기를 들을 때, 미소를 지어 보세요.'라고 말씀드리는데, 종종 '억지 미소도 괜찮나요?'라고 묻는 분들이 계십니다.

네, 억지 미소라도 괜찮습니다.

무표정보다는 억지 미소가 100배 낫습니다.

애초에 상대는 당신의 미소가 진심인지 억지인지를 따질 여유가 없습니다. 말할 때는 대부분 자신에게 집중하고 있기 때문입니다. 억지 미소라도 상대를 기쁘게 하고, 편안하게 만들어 줍니다.

누군가를 만나기 전에 거울을 보며 자신의 표정을 확인해 보세요. 피곤해 보이지는 않는지, 무뚝뚝한 얼굴은 아닌지 살펴본 뒤, '오늘은 이 정도 표정이 좋겠다. 미소 띤 얼굴로 만나자.'라고 표정을 미리 정하는 것도 좋습니다.

입꼬리를 살짝 올리고, 온화한 표정을 지으려고 의식하는 것만으로도, 자연스럽고 따뜻한 인상이 만들어집니다.

참고로, 저는 사랑하는 아내를 떠올리며 제 미소를 점검합니다. 아내의 따뜻한 분위기를 떠올리면 마음이 편안해지고, 자연스럽게 미소가 지어집니다.

다만, 상대가 심각하거나 힘든 이야기를 할 때는, 상대의 감정에 공감하는 표정을 보여 주세요.

Good Listener Tip 25
입꼬리를 올리고 온화한 미소를 지어보세요

고요한 공감 2:
고개 끄덕이기

부드러운 미소가 '저는 당신 편이에요.'라는 메시지라면, 고개 끄덕임은 '당신의 이야기를 잘 듣고 있어요.'라는 메시지입니다. 이 두 가지만 기억해도, 충분히 '잘 듣는 사람'이 될 수 있습니다.

'정말 그것만으로도 충분할까요?'라고 의문을 가지는 분들도 계십니다. 하지만, 고개 끄덕임의 가치를 절대 과소평가하지 마세요. 여러 번 강조했듯, 사람들은 '내 이야기를 잘 들어줄 사람'을 원합니다.

그래서 누구나, 미소 지으며 고개를 끄덕여 주는 사

람을 절실히 원합니다. 당신이 그런 사람으로만 보여도, 상대에게는 큰 의미가 되는 존재입니다.

평소에 대화를 나눌 때, 고개를 끄덕이면서 듣는 편이신가요?

스스로에게 물어보면, 선뜻 '그렇다'고 답하기 어려울지도 모릅니다.

저는 인터뷰를 자주 하는데, 이야기를 듣는 동안 고개를 전혀 끄덕이지 않는다는 분들을 의외로 자주 만납니다.

많은 사람들 앞에서 이야기할 때, 아무 반응 없이 앉아 있는 사람들이 유독 눈에 잘 보입니다. 사람들이 고개를 크게 끄덕이며 들어줄 때와 그렇지 않을 때, 말하는 사람이 느끼는 긴장감이나 동기 부여는 확실히 다릅니다.

저처럼 사람들 앞에서 말하는 게 익숙한 사람도 청중의 반응에 민감한데, 그런 경험이 낯선 분들이라면 얼마나 더 긴장되실까요?

==고개 끄덕임은, 말하는 사람의 마음에 직접적인 영향을 주는 매우 중요한 행동입니다.==

사람은 저마다 삶의 '리듬'이 있습니다. 성격이 급한 사람과 차분한 사람의 차이처럼, 서로 리듬이 다른 사람과 함께 있으면, 알게 모르게 피로감을 느끼게 됩니다.

대화 중의 고개 끄덕임은, 그 사람의 리듬이 그대로 드러나는 부분입니다. 성격이 급한 사람은 고개를 빠르게 끄덕이고, 차분한 사람은 천천히 움직입니다. 하지만 우리는 대부분 상대의 리듬을 잘 모른 채 대화를 시작합니다. 게다가 대화는 언제나 1:1로만 이루어지는 것도 아닙니다.

그러니 꼭 상대의 리듬에 맞추려고 애쓸 필요는 없습니다.

고개를 끄덕이며 듣는 행동은 상대의 말에 수긍하고

있다는 표현입니다. 상대의 말에 '아, 그렇구나'라고 공감하며, 자신을 이해시키는 행동입니다. 상대의 말에 공감하면, 고개가 자연스럽게 끄덕여집니다. 크게 끄덕일 수도 있고, 가볍게 끄덕일 수도 있습니다.

대화의 중심은 언제나 상대지만, 고개를 끄덕이는 리듬은 자신의 속도에 맞추면 됩니다. 특별한 규칙은 없고, 그저 자연스럽게 고개를 세로로 흔드는 것만으로도 충분합니다.

'끄덕이는 방법'을 복잡하게 생각하면, 오히려 표정이 굳어질 수 있습니다.

상대의 말 속도에 맞추려 하지 말고, 자신의 리듬대로 편하게 끄덕여도 충분합니다. 그 작은 반응 하나가 상대에게 큰 안도감을 주고, 대화를 더욱 깊이 있게 만들어 줄 것입니다.

Good Listener Tip 26
고개는 자신의 속도로 자연스럽게 끄덕여 주세요

고요한 공감 3:
눈 마주치기

여러분이 말하고 있는데, 상대가 눈길조차 주지 않는다면 어떤 기분이 들까요? 어쩌면 '혹시 나를 싫어하나?'라는 생각이 들지도 모릅니다.

이렇게 시선을 맞추지 않는 것만으로도, 상대에게 부정적인 인상을 줄 수 있습니다.

그만큼 '눈맞춤'은 상대에게 호감을 표현하는 중요한 행동입니다. 특히, 조용히 고개를 끄덕이며 상대를 바라보는 사람은 신뢰를 주는 사람으로 여겨지고, 사회에서도 중요한 역할을 맡는 경우가 많습니다.

왜냐하면 그런 사람들은 '의욕이 있어 보인다', '성실하다', '성장하려는 의지가 있다'라는 등의 긍정적인 인상을 주기 때문입니다.

회의하는 상황을 떠올려 봅시다. 당신의 말을 집중해서 들어주는 직원과 컴퓨터 화면만 쳐다보는 직원 중에 누구에게 더 마음이 갈까요? 분명, 시선을 맞추며 고개를 끄덕여 주는 사람이 더 믿음직스럽고 좋은 인상을 줄 것입니다.

'눈맞춤'은, '나는 당신의 이야기를 잘 듣고 있어요.'라는 시각적 신호입니다. '잘 듣는 사람'의 진심을 전하기 위해서 꼭 필요합니다.

그렇다고 해서, 상대의 눈을 뚫어지게 쳐다보라는 말은 아닙니다. 누구에게는 눈을 마주치는 일이 쉽지 않고, 시선이 마주치면 오히려 말이 더 막히기도 합니다.

'눈맞춤'에서 중요한 것은, 서로 편안하게 느낄 수 있는 '적당한 시선 교류'입니다.

제가 추천하는 방법은 간단합니다. 상대가 말할 때는 그 사람을 바라보고, 내가 말할 때는 시선을 살짝 피하는 것입니다.

모든 상황이 같을 수는 없겠지만, 이 정도만 의식해도 훨씬 자연스럽고 편안한 '눈맞춤'이 가능합니다.

아직 친하지 않은 사람이나 처음 만나는 사람과 대화할 때는, 정면보다는 비스듬히 앉는 것도 좋은 방법입니다.

마주 보고 앉으면 시선을 계속 마주쳐야 해서, 서로 부담스러울 수도 있기 때문입니다. 가능하다면, 옆자리나 대각선 방향을 선택해 보세요.

내가 장소를 정할 수 있는 상황이라면, 나란히 앉을 수 있는 자리를 고르는 것도 방법입니다.

식사할 때도 마주 앉는 것보다는, 나란히 앉는 자리

가 더 편안한 분위기를 만들 수 있습니다.

상대가 말하는 동안, 시선을 이리저리 흔든다거나 다른 곳을 쳐다보는 행동은 피해야 합니다.

스마트폰이나 TV, 다른 사람 등 상대가 아닌 다른 곳에 시선을 두면, 상대는 '지금 내 말에 관심이 없구나.'라고 느낄 수 있습니다.

Good Listener Tip 27

마주 앉기보다는 대각선이나 옆자리에 앉아보세요

나는 매일 아침 스스로에게 되새긴다. 오늘 내가 하는 말로는 아무것도 배울 수 없다. 내가 배울 수 있는 것은 오직 듣는 것으로부터다.

I remind myself every morning: Nothing I say this day will teach me anything. So if I'm going to learn, I must do it by listening.

― 래리 킹(Larry King), 미국 방송인 1933~2021

고요한 공감 4:
억지로 말하지 않기

세상에는 '말을 너무 많이 해서 피곤하다.'라는 사람도 있습니다. 특히, '상대를 즐겁게 해주고 싶다'라거나 '분위기를 띄워야겠다'라는 마음이 강한 사람일수록, 말을 많이 하게 됩니다.

이런 모습도 한편으로는 친절입니다. 하지만, 누구나 '자신의 이야기'를 하고 싶어 합니다. 여러분이 비록 유쾌한 이야기로 분위기를 띄웠다고 해도, 상대가 하고 싶었던 말을 하지 못했다면, 그 대화는 미완성으로 끝난 것입니다.

여러분이 평소에 '이런저런 생각에 말이 많아질 때가 있다.'라고 느낀다면, 의식적으로 '말하지 않기'에 도전해 보세요.

그럴 때, 다음 세 가지를 염두에 두면 좋습니다.

① 상대가 먼저 말할 때까지, 내가 먼저 말하지 않는다.
② 상대의 말이 끝날 때까지, 끼어들지 않는다.
③ 대화의 95%는 듣는 데 집중한다.

오랜만에 만난 친구에게 '나 지난번에 이런 일이 있었거든…'이라며 말하고 싶을 때도 있죠. 하지만 그럴수록 "요즘 뭐 하고 지내? 잘 지냈어?"라고 물어보며, 친구의 이야기를 먼저 들어주세요.

당장 하고 싶은 이야기가 있을 때도 마찬가지입니다. 상대에게 '별일 없는지, 요즘 어떤지'를 먼저 물어보세요. 내가 하고 싶은 이야기는, 상대의 말이 끝난 다음에 해도 늦지 않습니다.

만나자마자 자신이 하고 싶은 말부터 꺼내는 것은, 흙이 묻은 신발을 신은 채로 상대의 집에 들어가는 것과도 같습니다.

Good Listener Tip 28

내가 하고 싶은 말은, 상대의 말이 끝난 후에 하세요

고요한 공감 5:
해결하려고 하지 않기

누가 고민을 얘기하면, 이렇게 반응하는 사람들이 있습니다.

"그럼, ○○하면 되지 않아?"
"보통은 △△하지 않아?"
"나라면 이렇게 하겠다."

상대의 고민이 끝나기도 전에 해결책부터 제시하는 경우인데, 생각보다 많습니다.

하지만 모든 고민이 '답'을 필요로 하는 것은 아닙니다.

사람들은 늘 크고 작은 고민을 하며 살아갑니다.

'여름휴가는 어디로 갈까?', '이 옷이 좋을까, 저 옷이 더 어울릴까?'

이처럼 사소한 고민을 나눌 때조차, 상대가 늘 '답'을 바라는 것은 아닙니다.

억지로 답을 주려고 애쓰지 마세요.

상대는, '내 이야기를 들어줬다'라는 안도감과 만족감을 더 얻고 싶어 합니다. 바로 그 감정이, 좋은 커뮤니케이션의 출발점입니다.

그러니 무리해서 해결하려 하지 말고, 그냥 들어주세요. 그것만으로도 상대는 충분히 위로받고 여러분을 신뢰하게 될 것입니다.

Good Listener Tip 29

상대의 고민을 해결하려 애쓰지 말고, 그냥 들어주세요

당신이 말을 할 때는 이미 알고 있는 것을
반복할 뿐이다. 그러나 경청하면 새로운 것을
배울 수 있다.

When you talk, you are only repeating what you already
know. But if you listen, you may learn something new.

– 달라이 라마(Dalai Lama), 티베트 종교 지도자 / 1935~

고요한 공감 6:
끝까지 듣기

상대가 말하는 동안 우리는, '다음에는 무슨 얘기를 하지?'라고 생각하기도 합니다.

1장에서 언급했듯, 듣는 속도가 말하는 속도보다 두 배 정도 빨라서, 상대의 말을 들으면서 동시에 자신이 할 말을 떠올리는 것은, 자연스러운 일처럼 보일 수 있습니다.

하지만, 교토대학교의 후나하시 신타로 교수와 옥스퍼드대학교 연구원 와타나베 케이 씨의 공동 연구에 따르면, 우리의 뇌는 두 가지 작업을 동시에 효율적으로 할 수 없다고 합니다.

예를 들어, 음악을 들으며 일하거나 TV를 보며 공부할 때, 겉으로는 효율이 높아진 것처럼 느끼지만, 실제로는 실수가 늘기도 합니다. 이처럼, 상대의 말을 들으면서 자신이 '다음에 할 말'을 준비하면 집중력이 떨어지고 실수하기 쉬워집니다.

그래서 대화 중에 '다음에 할 말'을 고민하는 사람일수록, 결국엔 '내가 괜히 이상한 말을 했나?', '왜 그런 표정을 지었을까?'하고 후회하는 일도 많아집니다.

'지금은 내가 듣는 사람이다.'

자신을 이렇게 정의해 보세요. 그러면 '다음에는 내가 뭐라고 말해야 할까?'라는 고민이 필요 없어집니다. 특히, 대화가 끊기는 것을 불편하게 느끼는 사람일수록, 상대의 말이 끝나기도 전에 '다음에 할 말'을 생각합니다.

하지만 기억하세요.

대화의 주인공은 내가 아니라, 상대입니다.

상대의 이야기를 끝까지 제대로 듣는 태도, 그 자체가 존중의 표현입니다.

Good Listener Tip 30

상대의 말이 끝나기 전에,

'다음에 할 말'을 생각하지 마세요

제5장

관계를 바꾸는 도구: 마법의 질문

> 경청한다는 것은 나 자신이 변화될 준비가 되어 있다는 뜻이다.
>
> Listening is being able to be changed by the other person.
>
> – 앨런 알다(Alan Alda), 미국 배우 겸 감독 1936~

'잘 듣는 사람'은 좋은 질문으로 상대를 기쁘게 한다

'잘 듣는 사람'이 되면, 상대에게 세 가지 기쁨을 줄 수 있습니다.

① 자신의 이야기를 진심으로 들어준다는 기쁨
② 새로운 시각이나 사고를 깨닫는 기쁨
③ 서로의 관계가 더 깊어졌다는 기쁨

이 세 가지 기쁨을 극대화하는 기술이 바로, '질문'입니다.

사람은 자신의 이야기를 진심으로 들어주는 사람에게 호감을 느낍니다. 여기에 질문이라는 도구를 더하면, 호감도는 훨씬 높아집니다.

지금부터 소개할 다섯 가지 '마법의 질문'은, 상대와의 관계를 더 깊게 만들고 싶을 때 사용하면 좋습니다. 아직 어색한 사이이거나, 상대가 나를 어떻게 생각하는지 잘 모를 때, '마법의 질문'을 한번 사용해 보세요. 상대에게 더 따뜻하고 긍정적인 인상을 줄 것입니다.

저는 20년 넘게 '질문가'로 활동해 왔습니다. 그동안의 경험을 바탕으로 일상에서 사용해도 큰 도움이 되는, 다섯 가지 질문을 골라 소개합니다.

앞으로 친해지고 싶은 사람이 있다면, '마법의 질문'을 꼭 시도해 보세요.

Good Listener Tip 31
'마법의 질문'으로 신뢰를 쌓아보세요

마법의 질문 1:
대화의 지도를 그리는 '5W 질문'

5W란?

- When (언제)
- Where (어디)
- Who (누구)
- What (무엇)
- Why (왜)

이 다섯 가지 영어 단어의 머리글자를 따서 '5W 질

문'이라 부릅니다.

'5W 질문'은 대화가 서툰 사람도 쉽게 활용할 수 있어, 자연스럽게 질문의 폭을 넓히는 데 매우 효과적입니다.

예를 들어, 상대가 '지금 하와이에 있어요.'라고 말했다면, 다음과 같은 질문으로 대화를 이어갈 수 있습니다.

- When(언제) : 언제부터 하와이에 계신가요?
- Where(어디) : 하와이 어디에 계신가요?
- Who(누구) : 누구와 함께 가셨나요?
- What(무엇) : 하와이에는 무엇을 하러 가셨나요?
- Why(왜) : 왜 하와이를 선택하셨나요?

5W만으로, 다섯 가지 질문이 만들어집니다.

하지만, 한 가지 꼭 기억해 주세요.

질문은 한 번에 하나씩, 천천히 하는 것이 중요합니다.

'5W 질문' 주의 사항

'하와이에, 누구와 무엇을 하러 가셨나요?' (Who + What)

'하와이 어디에, 언제부터 가셨나요?' (Where + When)

이처럼 질문을 두 가지 이상 섞으면, 상대는 머리가 복잡해지고 부담을 느낄 수 있습니다. 두 가지 정도는 괜찮지만, 세 가지 이상을 한꺼번에 묻는 말은 피해야 합니다.

'하와이에 무엇을 하러, 누구와 어디에 가셨나요?' (What + Who + Where)

이처럼 여러 질문을 한 문장에 담으면, 아무리 말솜씨가 좋은 사람이라도 한 번에 대답하기가 어렵습니다.

==질문은 한 번에 하나씩.==

듣고 싶은 내용을 정해서, 하나씩 차근차근 물어보세요. 천천히 상대의 이야기에 파고 들어가는 것이 핵심입니다.

Good Listener Tip 32

질문은 한 번에 하나씩, 천천히 하세요

마법의 질문 2:
과거와 미래를 오가는 '타임머신 질문'

'5W 질문'이 초보자용이라면, 한 단계 발전한 중급 질문이 바로 '타임머신 질문'입니다.

이 질문은 시간의 흐름을 바꿔, 상대에게 새로운 시각을 갖게 해 줍니다. 과거와 미래를 떠올리게 하여, 상대도 미처 몰랐던 자신의 감정이나 가치관을 마주하는 계기를 만들어 주기도 합니다.

예를 들어, 상대가 '요즘, 일이 정말 재미있어요.'라고 말했을 때, 다음과 같은 '타임머신 질문'으로 대화를 자연스럽게 이어가 보세요.

① 과거로 가는 질문

"만약 학생 시절로 돌아간다면, 지금의 직업을 다시 선택하시겠어요?"

"지금 상태로 3년 전으로 돌아간다면, 어떤 선택을 하실 것 같나요?"

이런 질문은, 자신의 성장이나 선택의 이유를 되돌아보게 만듭니다.

② 미래를 향한 질문

"지금 하는 일을, 10년 후에도 하고 있을 것 같나요?"

"1년 후, 이루고 싶은 목표가 있으신가요?"

이런 질문은, 상대가 미래의 자신을 구체적으로 그려보게 도와주고, 새로운 꿈이나 목표를 발견할 기회를 만들어 줍니다.

미래를 향한 질문은 특히 대답하기 어려워하는 분들이 많습니다. 평소에 말이 많은 사람이라도, 잠시 생각하는 시간이 필요하기도 합니다. 그럴 때는 조급해하지 말고, 조용히 기다려 주세요. 바로 대답이 나오지 않아도 괜찮습니다.

그 시간은, 상대가 자신의 미래와 진지하게 마주하는 귀한 순간일지도 모릅니다.

'타임머신 질문'은 대화의 주제를 새로운 각도에서 바라보게 도와줍니다. 상대가 마치 타임머신을 타고 시간 여행을 하는 것처럼, 자연스럽게 과거와 미래를 오갈 수 있도록 부드럽게 이끌어 주세요.

Good Listener Tip 33

**시간의 흐름을 바꾸는 질문으로,
새로운 시각을 열어주세요**

마법의 질문 3:
알고도 모르는 척, 일부러 묻는 '오버랩 질문'

상대와 이미 가까운 사이이거나 오래 알고 지낸 사이라면, 대화가 자칫 뻔하게 흘러가기 쉽습니다. 하지만 사람은 매일 조금씩 변합니다. 같은 질문도 언제 하느냐에 따라, 전혀 다른 대답이 돌아올 수 있습니다.

오히려 대답이 뻔해 보이는 질문을 '일부러' 하는 것이, 상대의 변화와 성장을 알아차리는 데 도움이 됩니다.

예를 들어, 회사를 옮긴 친구에게 이직 한 달 후와 일 년 후에 같은 질문을 해보세요.

"요즘, 하는 일은 어때?"

상황에 따라 그 대답은 달라질 수 있습니다.

변화하고 성장하는 '상대의 지금 생각'을 듣는 것은, 깊이 있는 대화를 위해 꼭 필요한 정보입니다.

이럴 때 도움이 되는 것이, '오버랩overlap 질문'입니다. 이 질문은 듣는 사람이 이미 알고 있는 정보를 일부러 물어봄으로써, '상대의 지금 생각'을 끌어내는 데 목적이 있습니다.

말 그대로, 내가 알고 있던 과거의 정보에 상대의 최신 정보를 겹쳐(오버랩) 보는 것입니다.

'오버랩 질문'은 특히 오랜만에 만난 사람과의 대화에서 효과적입니다. 상대와 내가 가진 정보의 차이를 좁혀 '지금의 상대'를 더 정확히 이해하는 계기가 되기 때문입니다. 평소 스몰톡에 자주 등장하는 단어를 사용해, '오버랩 질문'으로 활용하면 좋습니다.

최근에 명상을 시작한 지인이 "명상은 정말 중요한 것 같아요."라고 말했다고 해봅시다.

나 역시 명상의 가치를 잘 알고 있더라도, "맞아요. 명상은 정말 중요하죠."라고 말한다면, 대화는 거기서 끝날 수도 있습니다.

대신, 이렇게 물어보세요.

=="명상이 그렇게 중요한가요?"==

내가 이미 알고 있는 내용이더라도, 모르는 척 질문하는 것입니다. 그러면 상대는 자신만의 경험과 생각을 바탕으로, 명상의 중요성에 대해 더욱 열정적으로 이야기할 것입니다. 이처럼 서로의 가치관과 정보를 겹쳐서 보면, 대화는 자연스럽게 깊어지고 분위기도 고조됩니다.

'오버랩 질문'은 1:1 대화뿐 아니라, 여러 사람이 함께 있는 자리에서도 큰 효과를 발휘합니다.

5명이 모인 자리에서 어떤 주제에 대해 2명은 알고 있고, 3명은 모르는 상황이라고 가정해 봅시다. 이때 주제를 알고 있는 사람에게 '오버랩 질문'을 하면, 그 대답을 통해 나머지 사람들도 자연스럽게 내용을 이해할 수 있게 됩니다.

　그 자리에 있는 ==모든 사람의 정보량을 맞춰, 모두가 비슷한 수준으로 대화할 수 있도록== 도와줍니다. 또한 자신이 이미 알고 있는 내용이라도 일부러 질문함으로써, 토론을 더욱 활발하게 만들 수도 있습니다.

　상황에 맞는 '오버랩 질문'을 자연스럽게 할 수 있게 되면, 당신은 어떤 자리에서든 함께하고 싶고, 대화하고 싶은 소중한 사람이 될 것입니다.

Good Listener Tip 34

**상대의 '지금 생각'이 궁금하다면,
아는 것도 '일부러' 모르는 척 물어보세요**

마법의 질문 4:
상대도 미처 몰랐던 본심을 끌어내는 '센터 핀 질문'

 '센터 핀'은 볼링에서 가장 앞자리에 있는 중심 핀으로, 이 핀을 정확히 맞히면 뒤에 서 있는 핀들도 연달아 쓰러집니다.

 그래서, 스트라이크를 치기 위해 가장 먼저 노리는 것이, 바로 '센터 핀'입니다.

 사람의 생각이나 행동에도 이와 같은 '센터 핀'이 존재합니다. 그것은 바로, '전제'입니다.

 전제란, 한 사람이 중요하게 여기는 가치나 믿음, 또

는 정의를 말합니다.

상대가 무엇을 '전제'로 하고 있는지를 알면, 그 사람의 생각과 행동을 더 깊이 이해할 수 있습니다.

즉, '전제'는 대화의 핵심을 꿰뚫는 '센터 핀'입니다. 상대의 '전제'가 어떤 모양과 색깔인지를 알면, 그 사람의 사고방식이나 행동 패턴을 이해하게 됩니다.

'센터 핀 질문'은 상대의 '전제', 즉 상대가 중요하게 여기는 가치나 믿음을 알아내기 위한 질문입니다. 형식은 아주 단순합니다.

바로, '○○란 무엇인가요?'라고 묻는 것입니다.

그런데, 그 '전제'를 너무 고집하면, 변화와 성장이 어려울 수도 있습니다. 자신의 틀을 벗어나 새로운 시각을 얻기 위해서는, 그 '전제'를 한 번 흔들어 보는 것도 필요합니다. 바로 그 역할을 해주는 것이 '센터 핀 질문'입니다.

누군가가 "부자가 되고 싶다."라고 말하면, "당신이 생각하는 부자란 무엇인가요?"라고 물어보세요.

그러면, '1년에 세 번 해외여행을 가는 사람', '타워팰리스에 사는 사람'처럼, 그가 생각하는 '부자'의 정의가 훨씬 더 구체적으로 보일 것입니다.

이렇게 들으면, 실제로는 '부자가 되고 싶다.'라는 말보다 '해외여행을 자주 가고 싶다.', '좋은 집에 살고 싶다.'라는 욕망이 본심일 수도 있습니다.

상대 스스로 자신의 본심을 발견하도록 도와주는 것, 그것이 바로 '○○란 무엇인가요?'를 활용한 '센터핀 질문'의 힘입니다.

사람들이 진짜 원하는 것은, 의외로 막연하고 추상적입니다. 그래서 '○○란 무엇인가요?'라는 질문으로 상대의 전제를 파악하고, 때로는 그 전제를 재정립할 수 있도록 도와주시길 바랍니다. 이 과정이 새로운 생각이나 행동으로 이어지기도 합니다.

물론 흔들림 없는 신념은 중요합니다.

하지만 때로는 신념이 생각과 행동을 가로막는 걸림돌이 될 수도 있습니다. 만약 주변에 유난히 신념이 강하거나 고집이 센 사람이 있다면, 이 '센터 핀 질문'을 활용해 보세요. '센터 핀 질문'의 가장 큰 장점은, 상대도 미처 몰랐던 본심을 끌어낼 수 있다는 것입니다.

'○○란 무엇인가요?'

이 단순한 질문은 생각보다 강력한 힘이 있습니다.

상대에 대해 깊은 관심을 가지고, 가벼운 마음으로 '센터 핀 질문'을 한번 사용해 보세요.

Good Listener Tip 35

상대의 '진짜 마음'이 궁금하다면, 이렇게 물어보세요.

"○○란 무엇인가요?"

마법의 질문 5:
대화를 계속 이어가게 만드는 '무한 질문'

대화는 말하는 사람과 듣는 사람이 함께 만들어 가는 과정입니다. 하지만 두 사람 모두 대화에 익숙하지 않다면, 어색한 침묵이 생기기 쉽습니다. 특히 과묵한 사람 중에는 말하는 것은 서툴지만, 남의 이야기를 듣는 것을 좋아하는 사람도 있습니다.

이런 사람들에게 '말씀해 주세요, 제가 잘 들을게요.'라는 태도는 오히려 부담을 줄 수 있습니다. 낯선 사람을 처음 만나는 자리나, 직장 동료와의 첫 식사 자리처럼 어색한 분위기에서는 더욱 그렇습니다.

이럴 때 도움이 되는 것이 바로, **상대의 말을 자연스럽게 이어가게 하는 '무한 질문'**입니다.

상대의 말을 잘 들은 후에,

"그래서 지금은 어떻게 생각하세요?"

"그 후에는 어떻게 됐어요?"와 같은 질문을 자연스럽게 이어가 보세요.

이런 질문이 반복되면, 상대는 부담 없이 자신의 이야기를 계속하게 됩니다. 긴장도 풀리고, 더 편안한 대화 분위기가 만들어집니다.

하지만 주의할 점도 있습니다.

'무한 질문'이 말을 계속하게 만드는 '압박'처럼 느껴지지 않게 해야 합니다. 질문이 계속되면, 상대는 '말하고 싶다'는 마음보다 '말해야 한다'는 부담으로 느낄 수 있습니다.

그래서 질문할 때, 다음과 같이 공감의 말을 덧붙이면 좋습니다.

"정말 대단하시네요! 그다음에는 어떻게 됐나요?"

"아주 힘드셨겠어요. 지금은 그 일을 어떻게 받아들이고 계신가요?"

이처럼 공감과 관심을 함께 표현하면서, '무한 질문'을 통해 '당신의 이야기를 계속 듣고 싶어요.'라는 메시지를 전하세요. 그것이 상대에게 안도감을 주고, 마음을 열어 편안하게 이야기하도록 돕는 열쇠가 됩니다.

Good Listener Tip 36

상대의 말을 계속 듣고 싶다면, 이렇게 물어보세요.

"그래서요? 그다음에는요?"

지혜는 듣는 데서 시작되고, 이해는 침묵하는
데서 시작된다.

Wisdom begins in listening and understanding begins in
silence.

— 유대교 경전 탈무드(Talmud)

에필로그

이 책은, 여러분에게 말을 거는 마음으로 썼습니다. 아마 여러분은 조용히 고개를 끄덕이며 제 이야기를 들어주셨겠지요.

그 모습이야말로 제가 가장 좋아하는 '듣는 태도'이며, 동시에 이 책의 주제에 대한 하나의 답이기도 합니다.

앞으로 여러분과 제가 인생에서 마주할 수 있는 시간은 얼마나 남아 있을까요?

제가 죽기 전까지 30권의 책을 더 쓴다고 해도, 그중

몇 권이나 여러분의 손에 닿을 수 있을까요?

그렇게 생각하면, 제가 여러분에게 말을 건 이 몇 시간이 정말 소중하게 느껴집니다.

<mark>여러분이 사랑하는 사람과 나눌 수 있는 대화는, 앞으로 몇 번이나 남았을까요?</mark>

같은 사람, 같은 장소, 같은 주제로 이야기하더라도 대화 내용은 절대 똑같지 않습니다.

그 순간 그 자리에서 태어난 말들은 '일기일회(一期一會)', 단 한 번뿐인 인연이자 다시는 반복되지 않을 소중한 대화입니다.

그 가치를 깨닫기 위해, 자신에게 한 가지 질문을 해보세요.

<mark>'이 대화가, 이 사람과의 마지막 대화라면?'</mark>

그렇게 생각하는 순간, 누구와 나누는 어떤 대화든 그 순간이 얼마나 소중한지 깨닫게 될 것입니다. 그 깨달음 속에서, 여러분은 자연스럽게 '잘 듣는 사람'이 될

수 있습니다.

지금 우리는 인터넷과 SNS가 중심이 된 시대에 살고 있습니다. 세상이 점점 더 편리해질수록, 일상에서 나누는 따뜻하고 소박한 대화는 점점 줄어들고 있습니다. 그래서 누군가의 얼굴을 마주하며 나누는 대화가, 그 어느 때보다 소중하게 느껴집니다. 그리고 그 대화가 정말 마지막이 될 가능성도, 결코 0%는 아닙니다.

그 소중한 순간에 여러분이 온전히 '잘 듣는 사람'이 되는 것만으로도, 누군가는 큰 위로와 기쁨을 느낄 것입니다.

그리고 그것이 결국, 여러분의 삶에도 크고 따뜻한 변화를 가져다줄 것입니다.

'잘 듣는 사람'은 누구나 바라는 존재이지만, 어디서나 쉽게 만날 수 있는 존재는 아닙니다.

만약 여러분이 그런 사람이 된다면, 여러분 자신은 물론이고, 여러분 주변의 사람들도 함께 행복해질 것입니다.

지난 20년 동안 여러 권의 책을 써 왔지만, 이 책처럼 많은 이들과 함께 마음을 나누며 만든 책은 처음입니다.

이제 제 이야기는 거의 끝났습니다.

마지막으로, 한 가지 작은 부탁을 드리고 싶습니다.

이 책을 덮은 후, 여러분이 소중하게 여기는 누군가에게 이렇게 연락해 보세요.

"혹시, 잠깐 만나지 않을래요?

'잘 듣는 사람'만이 얻을 수 있는 행복을, 여러분이 가장 먼저 경험해 보시길 바랍니다.

마쓰다 미히로

듣는 힘은 삶의 무기가 된다
고요한 공감이 만드는 대화의 기적

초판 1쇄 발행 2025년 10월 3일

지 은 이 마쓰다 미히로
옮 긴 이 정현
펴 낸 이 신영병
마 케 팅 장유정
편　　집 신잎
디 자 인 이용석

펴 낸 곳 한가한오후
출판등록 2024년 5월 23일 제2024-000129호
주　　소 서울특별시 영등포구 경인로 706, 6층 601호(문래동1가, 한양빌딩)
문　　의 boneseyou@naver.com
인스타그램 @hangahanpm

정가 16,800원
ISBN 979-11-990406-4-9 03320

*잘못된 책은 구입하신 서점에서 교환 및 반품 가능합니다.
*이 책의 전부 또는 일부 내용을 재사용하려면 반드시 사전에 저작권자와 한가한오후의 동의를 받아야 합니다.